essentials

essentials liefern aktuelles Wissen in konzentrierter Form. Die Essenz dessen, worauf es als „State-of-the-Art" in der gegenwärtigen Fachdiskussion oder in der Praxis ankommt. *essentials* informieren schnell, unkompliziert und verständlich

- als Einführung in ein aktuelles Thema aus Ihrem Fachgebiet
- als Einstieg in ein für Sie noch unbekanntes Themenfeld
- als Einblick, um zum Thema mitreden zu können

Die Bücher in elektronischer und gedruckter Form bringen das Fachwissen von Springerautor*innen kompakt zur Darstellung. Sie sind besonders für die Nutzung als eBook auf Tablet-PCs, eBook-Readern und Smartphones geeignet. *essentials* sind Wissensbausteine aus den Wirtschafts-, Sozial- und Geisteswissenschaften, aus Technik und Naturwissenschaften sowie aus Medizin, Psychologie und Gesundheitsberufen. Von renommierten Autor*innen aller Springer-Verlagsmarken.

Weitere Bände in der Reihe https://link.springer.com/bookseries/13088

Wanja Wellbrock · Daniela Ludin ·
Irena Knezevic

Letzte Meile 4.0

Potenziale innovativer Technologien
für die Auslieferung im B2C-Bereich

Wanja Wellbrock
Campus Schwäbisch Hall
Hochschule Heilbronn
Schwäbisch Hall, Deutschland

Daniela Ludin
Campus Schwäbisch Hall
Hochschule Heilbronn
Schwäbisch Hall, Deutschland

Irena Knezevic
Campus Schwäbisch Hall
Hochschule Heilbronn
Schwäbisch Hall, Deutschland

ISSN 2197-6708   ISSN 2197-6716 (electronic)
essentials
ISBN 978-3-658-37550-8   ISBN 978-3-658-37551-5 (eBook)
https://doi.org/10.1007/978-3-658-37551-5

Die Deutsche Nationalbibliothek verzeichnet diese Publikation in der Deutschen Nationalbibliografie; detaillierte bibliografische Daten sind im Internet über http://dnb.d-nb.de abrufbar.

Planung/Lektorat: Susanne Kramer
Springer Gabler ist ein Imprint der eingetragenen Gesellschaft Springer Fachmedien Wiesbaden GmbH und ist ein Teil von Springer Nature.
Die Anschrift der Gesellschaft ist: Abraham-Lincoln-Str. 46, 65189 Wiesbaden, Germany

Was Sie in diesem *essential* finden können

- Überblick über die Logistik der letzten Meile im B2C-Bereich
- Auswirkungen aktueller Trends auf die letzte Meile
- Mögliche Anwendungsbereiche innovativer Technologien aus dem Bereich Logistik 4.0 auf der letzten Meile
- Überblick über die Anforderungen von Endkunden an die letzte Meile
- Potenziale digitaler Technologien und innovativer Transportmittel für die letzte Meile

Inhaltsverzeichnis

Über die Autoren

Prof. Dr. Wanja Wellbrock Hochschule Heilbronn
Ziegeleiweg 4
74523 Schwäbisch Hall
Mail: wanja.wellbrock@hs-heilbronn.de

Prof. Dr. Daniela Ludin Hochschule Heilbronn
Ziegeleiweg 4
74523 Schwäbisch Hall
Mail: daniela.ludin@hs-heilbronn.de

**Irena Knezevic** Hochschule Heilbronn
Ziegeleiweg 4
74523 Schwäbisch Hall
Mail: irena.knezevic@web.de

Einleitung

Die Digitalisierung löst Veränderungen in sämtlichen Lebensbereichen aus und ist somit eines der bedeutendsten Themen unserer Zeit.[1] Auch die Nachfragestruktur von Konsumenten wird durch die vermehrte Anwendung digitaler Technologien beeinflusst.[2] Die Anzahl der Internetnutzer steigt und so zeichnet sich das Einkaufsverhalten immer mehr durch das Zusammenflechten sozialer Netze aus. Durch die Möglichkeiten der mobilen Internetnutzung und die Verbreitung von Laptops, Tablets und Smartphones wird der Online-Handel immer bedeutender.

Deutlich wird diese dynamische Entwicklung bei der Betrachtung des generierten Umsatzes durch den Online-Handel im Bereich Business-to-Consumer (B2C). Im Jahr 2019 betrug dieser 59,2 Mrd. EUR und hat sich damit seit 2009 fast vervierfacht.[3] Die Wachstumsdynamik des Online-Handels wirkt sich maßgeblich auf den Kurier-, Express- und Paketmarkt (KEP-Markt) aus, was zwangsweise in einem Anstieg des Sendungsaufkommens resultiert.[4] 2019 betrug das Sendungsvolumen im deutschen KEP-Markt 3,65 Mrd. Sendungen und ist damit seit 2009 um fast 70 % gestiegen.[5] Dabei entfielen 65 % aller nationalen Paketsendungen auf den B2C-Bereich. Prognosen zufolge wird das gesamte Sendungsvolumen bis 2024 auf mindestens 4,3 Mrd. steigen.

Diese Entwicklung sorgt für große Herausforderungen in der finalen Paketzustellung und damit auf der letzten Meile, der letzten Wegstrecke bis zum

---

[1] Vgl. Bousonville (2017, S. 1).

[2] Vgl. Hölter und Ninnemann (2020, S. 31); Morganti et al. (2014, S. 178 f.); Wegner (2019, S. 286).

[3] Vgl. Handelsverband Deutschland (HDE) (2020, S. 6).

[4] Vgl. Savelsbergh und Van Woensel (2016, S. 579); Umundum (2020, S. 150).

[5] Vgl. BIEK/KE-CONSULT Kurte&Esser GbR (2020, S. 11, 14, 21).

Endkunden.[6] Immer mehr Sendungen müssen an zunehmend unterschiedliche Kunden und Anlieferungspunkte ausgeliefert werden. Während die Sendungsanzahl steigt, sinkt gleichzeitig die Sendungsgröße und das -gewicht. Dies führt zu verstärkt atomisierten Sendungsstrukturen. Dazu kommen Schwierigkeiten bei der Empfängererreichbarkeit aufgrund steigender Erwerbstätigkeit und wachsender Anzahl an Single-Haushalten. Der zunehmende Lieferverkehr sorgt dabei besonders in Ballungsräumen für vermehrte Lärm- und Schadstoffemissionen und beeinträchtigt den Straßenverkehr, was besonders in Anbetracht steigender Urbanisierung und wachsender Bedeutung von ökologischer Nachhaltigkeit problematisch ist.[7] Aber auch auf Kundenseite steigen die Erwartungen an die letzte Meile und somit auch an die KEP-Dienste.[8] Als Folge der Möglichkeit 24 h online zu shoppen, verlangen Kunden eine schnellstmögliche Lieferung, bestenfalls mit individuell zugeschnittener örtlicher und zeitlicher Zustellung. Ein solcher Service ist für Logistikdienstleister jedoch mit erheblichen Zusatzkosten verbunden.

Deutlich wird somit, dass die Logistik im Bereich der letzten Meile vor wachsenden Herausforderungen steht.[9] Nicht nur steigende Anforderungen seitens der Kunden und ein verändertes Einkaufsverhalten durch die Digitalisierung, sondern auch umgebungsbedingte Einschränkungen und Trendauswirkungen verlangen neue Auslieferungskonzepte. Die Veränderung solcher Rahmenbedingungen birgt aber auch Chancen, die rechtzeitig erkannt und umgesetzt werden müssen.[10] So kann die Digitalisierung und die Vision einer Logistik 4.0 im Sinne digital vernetzter Akteure und Objekte auf der letzten Meile genutzt werden, um Prozesse zu verbessern und die Leistung zu erhöhen.

Dieses Buch soll daher verdeutlichen, inwieweit Digitalisierung und die Anwendung innovativer Technologien auf der letzten Meile 4.0 Potenziale für die B2C-Auslieferung bieten. Bei der Betrachtung der Potenziale steht dabei im Fokus, ob und inwiefern die letzte Meile 4.0 zur Überwindung von Herausforderungen durch aktuelle Trends wie Urbanisierung, Nachhaltigkeit und Individualisierung beitragen kann.

---

[6] Vgl. Metzler (2013, S. 287); Vahrenkamp et al. (2012, S. 129); Wannenwetsch (2014, S. 649); Wegner und Wegner (2017, S. 266 f.).

[7] Vgl. Hölter und Ninnemann (2020, S. 31); Tewes und Tewes (2020, S. 23); Witten und Schmidt (2019, S. 306, 316).

[8] Vgl. Wegner (2019, S. 286); Wegner und Wegner (2017, S. 267); Witten und Schmidt (2019, S. 312 f.); Umundum (2020, S. 152).

[9] Vgl. Clausen et al. (2016, S. 6); Witten und Schmidt (2019, S. 304, 306, 312).

[10] Vgl. Bousonville (2017, S. 1, 5); Wegner (2019, S. 286).

Das Essential ist in sechs Kapitel gegliedert. Im zweiten Kapitel erfolgt zunächst die Erläuterung der theoretischen Grundlagen der letzten Meile. Zudem wird in diesem Kapitel die Notwendigkeit einer Umgestaltung der letzten Meile anhand der Betrachtung globaler Trends und deren Folgen aufgezeigt. Ziel dabei ist, sich aus den Trends ergebende Gestaltungsbedingungen für die Entwicklung und Umsetzung der letzten Meile 4.0 durch innovative Technologien herauszuarbeiten. Im dritten Kapitel wird die Entwicklung einer letzten Meile 4.0 dargestellt. Hierfür werden zunächst die Grundlagen von Digitalisierung, Industrie 4.0 und Logistik 4.0 geschaffen, um die Kerngedanken dieser anschließend auf die letzte Meile anzuwenden. Dazu werden verschiedene innovative Technologien und deren Anwendbarkeit zur Realisierung der letzten Meile 4.0 betrachtet. Im vierten Kapitel werden daraufhin die Kundenanforderungen an die Paketzustellung näher betrachtet, da auch diese durch aktuelle Trends verschärft werden. Durch die Durchführung einer quantitativen Erhebung werden diese anhand verschiedener Kategorien, die sich auch aus den zuvor analysierten Trends ergeben, identifiziert. Die Ergebnisse dienen zusammen mit den erkannten Trends aus dem zweiten Kapitel als Grundlage für das fünfte Kapitel. Hier werden mittels einer qualitativen Erhebung die Potenziale innovativer Technologien in Fallstudien analysiert. Ziel dabei ist es, herauszufinden, inwieweit neue Lösungen neuartige Gestaltungsbedingungen durch aktuelle Trends berücksichtigen und gleichzeitig Kundenanforderungen erfüllen. Im letzten Kapitel erfolgt eine Zusammenfassung der wichtigsten Erkenntnisse.

Theoretische Grundlagen der letzten Meile

2

2.1 Definitorische Annäherung an die letzte Meile

Als Teil der Distributionslogistik, die sämtliche Transport- und Lagervorgänge zur art- und mengenmäßigen Bereitstellung von Waren beim Abnehmer umfasst, steht die letzte Meile für den letzten Teil dieses Prozesses, d. h. die letzte Wegstrecke bis zum Endkunden.[1]

Der Begriff der letzten Meile lässt sich dabei anschaulich durch die Darstellung des Transportprozesses von Paketsendungen erläutern (siehe Abb. 2.1). Dieser erfolgt über Netzwerkstrukturen, in denen Sammlung, Umschlag, Sortierung, Transport und Verteilung, durchgeführt werden.[2] Ein Transportnetz besteht aus einer großen Anzahl von Versendern und Empfängern, die in beide Richtungen miteinander verknüpft sind. In der vorliegenden Arbeit geht es dabei um den B2C-Bereich, das Sender- und Empfängerverhältnis besteht daher aus Unternehmen und Konsumenten. Das Netz setzt sich weiter aus Depots, die Quellen und Senken von Transporten und damit Anfang und Ende von Sammel- und Verteiltouren darstellen, und den Verbindungen zwischen diesen zusammen. Dabei muss das Netz so strukturiert sein, dass Beförderungen zwischen allen Depots realisierbar sind. Transporte von Paketsendungen finden fast vollständig über die Straße statt.

---

[1] Vgl. Martin (2016, S. 7); Wannenwetsch (2014, S. 623); Wegner und Wegner (2017, S. 266).

[2] Vgl. Bender et al. (2015, S. 36); Cardeneo (2008, S. 783); Fleischmann und Kopfer (2018, S. 24); Thaller et al. (2017, S. 448); Wannenwetsch (2014, S. 207 f.).

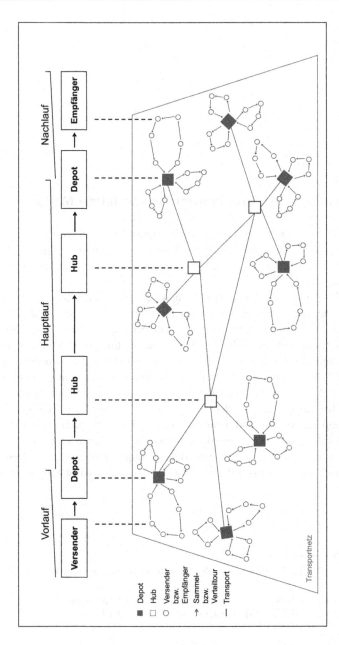

Abb. 2.1 Vor-, Haupt- und Nachlauf der Sendungstransporte im Transportnetz. (Quelle: In Anlehnung an Cardeneo (2008, S. 782–785)

Der gesamte Sendungstransport kann in die drei logistischen Phasen Vorlauf, Hauptlauf und Nachlauf gegliedert werden.[3] Der Vorlauf umfasst Sammeltouren zu den Versendern, bei denen die Sendungen aufgenommen und anschließend zu einem Depot transportiert werden. Jedes Depot ist innerhalb einer fest abgegrenzten Region für das Einsammeln der Sendungen zuständig. Je nach Netzstruktur erfolgt hier auch die Sortierung nach Versandziel bzw. der Umschlag für den Hauptlauf. Der anschließende Hauptlauf stellt den gebündelten Transport der Sendungen zu einem Depot in der Empfängerregion dar. Bei Paketsendungen erfolgt der Transport zwischen den Depots meist über mehrere Paketzentren, die zentrale Umschlagpunkte, sogenannte Hubs, darstellen. Die Sendungen aus dem Depot werden zum ersten Umschlagpunkt transportiert, dort nach Umschlagpunkten in der Zielregion sortiert und anschließend zu diesen befördert. An diesem zweiten Umschlagpunkt erfolgt die Sortierung nach Depots in den Empfängergebieten und der anschließende Transport dorthin. Der darauffolgende Nachlauf, und damit die letzte Meile, umfasst die Verteilung der Sendungen aus den Depots zu den Empfängern (Abb. 2.1).

Die letzte Meile stellt somit die letzte Wegstrecke in der physischen Lieferkette dar und beschreibt die Belieferung der Endkunden aus den Depots, regionalen bzw. lokalen Verteilungs- oder Umschlagzentren.[4] Dabei bildet sie einen One-to-Many-Verteilprozess ab, da eine Vielzahl von Sendungen an einem Punkt zu einer Tour gebündelt und anschließend an zahlreiche einzelnen Empfangsadressen ausgeliefert werden. Je nach Auslieferungsgebiet werden in einer Tour 80 bis 140 Sendungen ausgefahren.[5] Diese Charakteristik macht die letzte Meile in der Regel zum teuersten Abschnitt des Transportprozesses.[6] Durch die verbreiteten Positionen der Senken und die daraus resultierende atomisierte Lieferung im B2C-Bereich entstehen hohe Stoppkosten[7], die ca. 50 % der Gesamtkosten ausmachen. In den finalen Depots werden den Fahrern die Sendungen für das jeweilige Belieferungsgebiet bereitgestellt.[8] Jeder Fahrer führt die Tourenplanung und Beladung seines Zustellfahrzeuges auf Grundlage seiner

---

[3] Vgl. Bender et al. (2015, S. 36); Bretzke (2020, S. 444); Cardeneo (2008, S. 783 f.); Fleischmann und Kopfer (2018, S. 24); Thaller et al. (2017, S. 448); Tripp (2019, S. 90).

[4] Vgl. Brabänder (2020, S. 22); Tripp (2019, S. 255); Wannenwetsch (2014, S. 649); Wegner und Wegner (2017, S. 266).

[5] Vgl. Tripp (2019, S. 258).

[6] Vgl. Hausladen (2020, S. 204); Klaus et al. (2012, S. 311); Wegner und Wegner (2017, S. 266).

[7] Stoppkosten sind Kosten, die für die Sendungsübergabe beim Empfänger entstehen. Vgl. Klaus et al. (2012, S. 535).

[8] Vgl. Metzler (2013, S. 287 f.).

Erfahrungen und gegebenenfalls unter Zuhilfenahme von Navigationssystemen eigenständig durch.

2.2   Umsetzung der letzten Meile durch verschiedene Zustellkonzepte

Nachdem die Sendungen im Depot eingetroffen, sortiert und in die Fahrzeuge geladen worden sind, erfolgt die Zustellung an den Endkunden.[9] Hier lassen sich verschiedene Zustellarten und damit Umsetzungsformen der letzten Meile unterscheiden. Grundsätzlich wird nach dem Zustellpunkt differenziert, das heißt dem räumlichen Punkt, an dem der Kunde seine Sendung physisch erhält.[10] Hier kann generell zwischen der Haustürbelieferung und Abholpunktbelieferung unterschieden werden. Die verschiedenen Optionen unterscheiden sich vor allem am Maß der Involvierung des Endkunden in den Prozess.

Bei der Haustürbelieferung wird der Endkunde direkt beliefert.[11] Die Sendung wird dem Empfänger, einer anderen Person des Haushaltes oder einem Nachbarn persönlich durch einen Zusteller an der Haustür übergeben. Bei dieser Zustellart erfolgt keine Involvierung des Endkunden auf der letzten Meile, da der Logistikdienstleister alle Aktivitäten bis zur Zustellung ausführt.[12] Mit der Unterschrift bei der Sendungsübergabe ist die letzte Meile abgeschlossen.[13] In Deutschland ist diese Form der Zustellung bei Endkunden die beliebteste.[14] Im Jahr 2016 betrug der Anteil der B2C-Sendungen hier 87 %.[15] Besonders problematisch bei dieser Zustellart ist jedoch die Abwesenheit des Empfängers.[16] Diese macht zusätzliches Handling durch erneute Zustellversuche oder den Transport zu einer Abholstelle notwendig, was sich kostensteigernd auf die letzte Meile auswirkt. Logistikdienstleister versuchen aus diesem Grund durch ergänzende Zustellinformationen über das Lieferzeitfenster per E-Mail, die Möglichkeit alternativer Ablageorte oder die dynamische Einwirkung des Empfängers auf den Auslieferungsprozess das Abwesenheitsproblem zu lösen.

---

[9] Vgl. Heinemann (2020, S. 132).

[10] Vgl. Brabänder (2020, S. 18); Klaus et al. (2012, S. 311).

[11] Vgl. Tripp (2019, S. 262).

[12] Vgl. Brabänder (2020, S. 19).

[13] Vgl. Heinemann (2020, S. 132).

[14] Vgl. Okholm et al. (2013, S. 71).

[15] Vgl. KE-CONSULT Kurte & Esser GbR (2018b, S. 1).

[16] Vgl. Bogdanski (2015, S. 24–26); Metzler (2013, S. 287); Tripp (2019, S. 263).

Bei der Abholpunktbelieferung wird die Sendung dagegen vom Empfänger an einem zuvor vereinbarten Ort abgeholt.[17] Damit besteht bei dieser Zustellart eine höhere Involvierung des Kunden.[18] Die Sendungen werden von den Paketdiensten konsolidiert an die Abholpunkte geliefert.[19] Diese können personell besetzte Abholstellen sein, bspw. Postfilialen oder auch Paketshops, welche in Kioske oder Tankstellen integriert sind. Kunden können ihre Pakete hier innerhalb der Öffnungszeiten abholen. Abholpunkte können des Weiteren automatisierte Schließfächer sein, bspw. Packstationen, aus denen registrierte Empfänger jederzeit ihre Pakete entnehmen können. Im Jahr 2016 wurden lediglich 13 % aller B2C-Sendungen über Paketshops und Packstationen zugestellt.[20] Paketdienste streben die vermehrte Nutzung solcher Abholpunkte jedoch aus verschiedenen Gründen an.[21] Durch die Möglichkeit der Konsolidierung können pro Stopp mehr Pakete angeliefert werden, was in einer reduzierten Zustellzeit pro Sendung und einer erhöhten Zustelleffizienz resultiert. Außerdem wird lediglich ein Zustellversuch benötigt, da keine Anwesenheit des Empfängers notwendig ist. Die Abholpunktbelieferung ist durch diese Faktoren um 25–30 % kostengünstiger als die Haustürbelieferung.

2.3 Bedeutung der KEP-Dienste für die letzte Meile

Für die Überwindung der letzten Meile sind Kurier-, Express- und Paketdienste von hoher Bedeutung.[22] Als serviceorientierte Logistikdienstleister bilden sie die gesamte Transportkette für Sendungen mit niedrigem Volumen und Gewicht ab und übernehmen somit auch die letzte Meile. Dabei sind sie durch Schnelligkeit, Pünktlichkeit und Zuverlässigkeit gekennzeichnet. Aufgrund der Vorgaben bzgl. Größe und Gewicht der Sendungen wird ein standardisierter Prozessablauf und damit eine schnelle Beförderung ermöglicht.[23] Zu den Auftraggebern von KEP-Diensten zählen eine Vielzahl von Unternehmen, bspw. aus Handel und Industrie,

---

[17] Vgl. Klaus et al. (2012, S. 311).

[18] Vgl. Brabänder (2020, S. 19).

[19] Vgl. Bogdanski (2015, S. 24); Brabänder (2020, S. 19); Heinemann (2020, S. 135); Tripp (2019, S. 263 f.).

[20] Vgl. KE-CONSULT Kurte & Esser GbR (2018b, S. 1).

[21] Vgl. Heinemann (2020, S. 135); Klaus et al. (2012, S. 311); Metzler (2013, S. 288); Tripp (2019, S. 264).

[22] Vgl. Cardeneo (2008, S. 782); Klaus et al. (2012, S. 248); Vastag und Schellert (2020, S. 205); Werner (2020, S. 330).

[23] Vgl. Vahrenkamp et al. (2012, S. 149); Vastag und Schellert (2020, S. 205).

die eine hohe Anzahl kleiner empfangsadressierter Sendungen zu distribuieren haben.[24] Hierdurch entstehen bei den KEP-Diensten eine hohe Massenleistungsfähigkeit und große Bündelungspotenziale, sodass Touren mit höherer Auslastung gefahren werden können.

Der KEP-Markt lässt sich in drei Segmente gliedern, die sich neben der Art und des Gewichts der Sendungen nach der Dauer des Transports und der Preisstruktur unterscheiden.[25] Das Angebot der Kurierdienste besteht aus dem individuell und permanent begleiteten Transport vom Absender zum Empfänger. Dieser erfolgt mittels einer an die einzelnen Kundenbedürfnisse angepassten Logistik unter Nutzung der schnellsten Verkehrsverbindungen, um den Transport meist Same Day abzuwickeln. Expressdienste sind durch eine hohe Schnelligkeit und Pünktlichkeit gekennzeichnet. Die Auslieferung der Einzelsendungen, bei denen keine Gewichts- und Maßbeschränkungen gelten, erfolgt meist über Nacht bzw. zu verbindlichen Zustellzeiten. Dabei wird der Transport netzwerkgebunden über Umschlagzentren abgewickelt. Im Paketsegment handelt es sich um einen hoch standardisierten, automatisierten und mengenorientierten Transportprozess in einem flächendeckenden Netzwerk. Transportiert werden Waren bis zu einem Maximalgewicht von 31,5 kg bis 70 kg und beschränkter Größe. Die Zustellung erfolgt ohne garantierte Zustellzeit. Paketsendungen machen 84 % der Gesamtsendungen auf dem KEP-Markt aus, während lediglich 16 % auf Express- und Kuriersendungen fallen.[26] Die drei verschiedenen Segmente der KEP-Dienste sind zwar begrifflich genau definiert, in der Praxis kommt es aber häufig zu Überschneidungen.[27]

2.4 Aktuelle Trends als Gestaltungsbedingungen der letzten Meile

Die letzte Meile wird stark durch ihre heterogene Umgebung, die sich bspw. durch unterschiedliche Belieferungspunkte und Verkehrsbedingungen auszeichnet, beeinflusst.[28] Aus ihr ergeben sich Voraussetzungen, die bei der Anlieferung

---

[24] Vgl. Brabänder (2020, S. 17); Kille (2012, S. 263); Tripp (2019, S. 256).

[25] Vgl. BIEK/KE-CONSULT (2020, S. 9); Cardeneo (2008, S. 782); Kille (2012, S. 264); Tripp (2019, S. 256); Vahrenkamp et al. (2012, S. 147); Wannenwetsch (2014, S. 682 f.); Werner (2020, S. 330).

[26] Vgl. BIEK/KE-CONSULT Kurte&Esser GbR (2020, S. 12).

[27] Vgl. Vahrenkamp et al. (2012, S. 147).

[28] Vgl. Clausen et al. (2016, S. 9, 19); Tewes und Tewes (2020, S. 22); Tripp (2019, S. 16); Witten und Schmidt (2019, S. 303).

von Sendungen beachtet werden müssen. Darüber hinaus werden heute und in
Zukunft die Gestaltungsbedingungen der letzten Meile durch verschiedene wirtschaftliche und gesellschaftliche Entwicklungen definiert. Diese werden durch
unterschiedliche Einflüsse bestimmt und ergeben langfristige Trends, welche Veränderungen in verschiedenen Bereichen auslösen. Auch die letzte Meile muss
sich an diesen Entwicklungsraum anpassen und begegnet neuen Anforderungen. Hier sind insbesondere die Trends der Urbanisierung, Nachhaltigkeit und
Individualisierung zu beobachten, welche nachfolgend näher betrachtet werden.

Seit vielen Jahren ist weltweit ein zunehmender Urbanisierungsgrad zu beobachten.[29] Das bedeutet, dass ein immer größerer Teil der Bevölkerung in Städten
lebt. Zudem steigt auch die Zahl der Weltbevölkerung. Betrug sie im Jahr 2018
bereits über 7,5 Mrd.,[30] soll sie aktuellen Prognosen zufolge bis 2050 auf
über 10 Mrd. steigen.[31] Während dabei 2018 bereits 55 % der Menschen weltweit in städtischen Gebieten lebten, wird der Anteil 2050 voraussichtlich 68 %
betragen.[32] Auch in Deutschland lässt sich diese Entwicklung beobachten. Der
Urbanisierungsgrad wird sich laut aktuellen Studien von 77 % im Jahr 2018[33]
auf 84 % im Jahr 2050 erhöhen.[34]

Leben und Arbeit konzentriert sich durch diese Entwicklung auf einen immer
kleineren Raum, wodurch auch die Versorgung der Menschen in Ballungsräumen
zunehmend an Bedeutung gewinnt.[35] Dies resultiert in neuen logistischen Herausforderungen für Städte. Die steigende Einwohnerzahl erhöht gleichzeitig die
Zahl konsumfähiger Menschen.[36] Dadurch wächst auch der Bedarf an Produkten
und Dienstleistungen, deren Angebot, Nachfrage und Verkauf in immer kleineren
Abständen erfolgen. Die Konsequenz dessen ist ein erhöhtes Transportaufkommen und damit auch mehr Straßengüterverkehr. Dies wird durch die Entwicklung
des Onlinehandels und daraus resultierender Warenströme und Lieferverkehre
durch die wachsende Sendungsmenge zusätzlich verstärkt.[37] Vielerorts ist die
Infrastruktur jedoch bereits überlastet und bald nicht mehr in der Lage, den

---

[29] Vgl. Tripp (2019, S. 19); Witten und Schmidt (2019, S. 306).

[30] Vgl. Statistisches Bundesamt (2019, S. 652).

[31] Vgl. United Nations, Department of Economic and Social Affairs (2019a, S. 5).

[32] Vgl. United Nations, Department of Economic and Social Affairs (2019b, S. 9 f.).

[33] Vgl. United Nations, Department of Economic and Social Affairs (2018a, online).

[34] Vgl. United Nations, Department of Economic and Social Affairs (2018b, online).

[35] Vgl. Gerdes und Heinemann (2019, S. 398); Savelsbergh und Van Woensel (2016, S. 580);
Witten und Schmidt (2019, S. 306).

[36] Vgl. Cardenas et al. (2017, S. 23); Lehmacher (2015, S. 9).

[37] Vgl. Thaller et al. (2017, S. 450); Witten und Schmidt (2019, S. 306).

zunehmenden Wirtschafts- und Personenverkehr zu tragen.[38] Die Folgen sind überfüllte Straßen, ständige Staus, knappe Lager- und Ladeflächen und eingeschränkte Parkmöglichkeiten.[39] Für KEP-Dienste bedeutet dies häufiges Parken in zweiter Reihe oder auf Geh- und Radwegen.[40] Daraus ergibt sich eine beeinträchtigte Verkehrssicherheit durch erhöhte Unfallrisiken sowie ein eingeschränkter Verkehrsfluss. Zudem entsteht eine erhöhte Lärmbelastung. Aus diesen Faktoren ergibt sich für die Logistik die Notwendigkeit, neue urbane Versorgungskonzepte durch die Optimierung, Vernetzung und Bündelung von Lieferketten für eine effiziente City Logistik zu entwickeln.[41]

In den vergangenen Jahren hat sich in Politik, Wirtschaft und Gesellschaft ein zunehmendes ökologisches Bewusstsein entwickelt.[42] Die Wichtigkeit ökologischer Nachhaltigkeit und damit Ressourcenschonung, Emissionsreduzierung und Energieoptimierung, um die Umweltbelastung so gering wie möglich zu halten, zeigt sich immer deutlicher.

Die zunehmende Verkehrsbelastung führt speziell in Innenstädten zu hohen Schadstoffemissionen, was in schlechterer Luft- und Lebensqualität resultiert.[43] Aufgrund der vielen Transportvorgänge, insbesondere auf der Straße, wird hier auch die Logistik, und damit die letzte Meile, kritisch betrachtet.[44] Wegen immer weiter steigender Sendungsmengen im B2C-Bereich kommt es vor allem in Innenstädten zu einer zunehmenden Verkehrsbelastung. Da der Stoppfaktor[45] hier nur bei 1,1 liegt,[46] kommt es während der Touren zu zahlreichen Start-Stopp-Vorgängen und damit überproportional hohen Verkehrsemissionen.[47] Im Jahr 2016 wurden im KEP-Bereich 140.000 Fahrzeuge regelmäßig für den Transport von Sendungen eingesetzt und erbrachten dabei eine Fahrleistung von insgesamt

---

[38] Vgl. Gerdes und Heinemann (2019, S. 398); Rumscheidt (2019, S. 47).

[39] Vgl. Wegner (2019, S. 290); Werner (2020, S. 330).

[40] Vgl. Rumscheidt (2019, S. 47); Wittowsky et al. (2020, S. 2).

[41] Vgl. Klumpp et al. (2013, S. 169); Tripp (2019, S. 19); Vastag und Schellert (2020, S. 211).

[42] Vgl. Tewes und Tewes (2020, S. 23); Tripp (2019, S. 19); Vastag und Schellert (2020, S. 212); Wegner (2019, S. 290); Witten und Schmidt (2019, S. 316).

[43] Vgl. Cardenas et al. (2017, S. 23); Thaller et al. (2017, S. 450).

[44] Vgl. Clausen et al. (2016, S. 14); Tripp (2019, S. 19); Thaller et al. (2017, S. 450); Witten und Schmidt (2019, S. 316).

[45] Der Stoppfaktor bezeichnet die Sendungsanzahl, die ein Zustellfahrzeug auf einer Tour pro Stopp ausliefert. Vgl. Klaus et al. (2012, S. 535).

[46] Vgl. Bogdanski (2015, S. 24).

[47] Vgl. Clausen et al. (2016, S. 15); Wittowsky et al. (2020, S. 2).

5,3 Mrd. Fahrzeugkilometern.[48] Umfragen unter den KEP-Diensten zufolge werden zu 98 % dieselbetriebene Zustellfahrzeuge eingesetzt.[49] Bei diesen handelt es sich zum Großteil um leichte Nutzfahrzeuge bis 3,5 t zGG. Anschließend folgen Transporter, Vans und Zustellfahrzeuge mit 7,5 t zGG. Dabei gelten Verbrennungs- und insbesondere Dieselmotoren als eine der größten Ursachen für die hohe Feinstaub- und Stickoxidbelastung der Luft.[50] Der Einsatz fossiler Brennstoffe im Verkehr ist zudem für einen großen Anteil der Treibhausgasemissionen verantwortlich. Im Jahr 2020 entfielen 146 Mrd. t und damit 20 % aller Treibhausgasemissionen auf den Verkehr.[51]

Aus diesem Grund kommen aus der Politik neue Gesetze und stärkere, umweltorientierte Regulierungen zur Luftreinhaltung.[52] Innerhalb der EU legt bspw. der Energiefahrplan 2050 die Ziele zur Reduktion klimaschädlicher Emissionen fest.[53] Treibhausgasemissionen sollen bis 2030 um 40 % und bis 2050 um 80–95 % gegenüber 1990 verringert werden. Aus diesen Zielen ergeben sich auch Konsequenzen für den Verkehrssektor, dessen Treibhausgase bis 2030 auf 95 Mio. t gesenkt werden sollen.[54] Logistiker treffen aus diesem Grund auf zahlreiche lokale umweltorientierte Reglementierungen wie Umweltzonen, Umweltplaketten oder Fahrverbote.[55] Diese erfordern auch auf der letzten Meile nachhaltige Belieferungsstrategien, emissionsfreie Transportmittel, kürzere Transportwege und einen verantwortungsvollen Umgang mit Ressourcen, damit sichergestellt wird, dass ein vermehrtes Transportaufkommen keine negativen Auswirkungen auf Lebensqualität und Gesundheit hat.

In den vergangenen Jahren hat sich bei Konsumenten zudem eine starke Forderung nach Individualisierung und Personalisierung entwickelt.[56] Die schnelle und permanente Befriedigung von Bedürfnissen wird immer bedeutender. Waren und Dienstleistungen sollen daher mehr an ihren persönlichen Anforderungen ausgerichtet sein. Für KEP-Dienste wird es zur großen Herausforderung, auf der einen

---

[48] Vgl. KE-CONSULT Kurte & Esser GbR (2018a, S. 1).

[49] Vgl. Bogdanski (2015, S. 28).

[50] Vgl. Clausen et al. (2016, S. 14).

[51] Vgl. Umweltbundesamt (2021, online).

[52] Vgl. Tripp (2019, S. 20); Witten und Schmidt (2019, S. 316).

[53] Vgl. Europäische Kommission (2013, S. 3).

[54] Vgl. Bundesministerium für Umwelt, Naturschutz und nukleare Sicherheit (2020, S. 36).

[55] Vgl. Clausen et al. (2016, S. 15, 26); Lehmacher (2015, S. 10 f.); Savelsbergh und Van Woensel (2016, S. 581); Tewes und Tewes (2020, S. 23); Tripp (2019, S. 20); Vastag und Schellert (2020, S. 212).

[56] Vgl. Vastag und Schellert (2020, S. 211); Witten und Schmidt (2019, S. 312).

Seite die wachsenden Kundenanforderungen zu erfüllen und auf der anderen Seite wettbewerbsfähig zu bleiben.[57]

Sogenannte hybride Kunden zeichnen sich durch ein situatives und individuelles Einkaufsverhalten aus.[58] Dies kommt nicht zuletzt durch das Multi-Channel-Shopping, bei dem Kunden zwischen online und stationärem Einkauf frei wählen können. Dieses Verhalten überträgt sich auch auf die Anforderungen an den Service, d. h. die Lieferung ihrer Bestellungen. Gewünscht wird von Kunden ein schneller Lieferservice, bei dem Zeit und Ort individuell gestaltet und während des Zustellprozesses nochmals geändert werden können.[59] Dabei soll auch die Möglichkeit bestehen, das Zeitfenster der Zustellung frei zu wählen. Besonders beliebt ist auch Same-Day-Delivery, bei der die Zustellung noch am Tag der Bestellung erfolgt. Um dieses Konzept einer breiten Masse zu ermöglichen, erfordert es jedoch Flexibilität und Dynamik in der Prozesskette. Diese individuellen Anforderungen haben zur Folge, dass die Vielfalt der Logistikdienstleistungen zunimmt und zu einer starken Diversifizierung führen.[60] Lieferungen werden kleiner und Lieferzeiten kürzer, was insgesamt in einer stark erhöhten Komplexität des Liefersystems resultiert. Die neuen Bedürfnisse der Konsumenten wirken sich in hohem Maße auf bestehende Zustellstrukturen aus und kollidieren oftmals mit den notwendigen Ansprüchen an Effizienz und Umwelt.[61] Für die KEP-Dienste bringt dies erhebliche Zusatzkosten mit sich, wodurch eine Kostenbelastung des Kunden erforderlich wird.[62] Insgesamt ist die Zahlungsbereitschaft von Kunden, auch bei besonderen Optionen wie der Same-Day-Delivery, jedoch nicht besonders hoch.[63]

---

[57] Vgl. Werner (2020, S. 331).

[58] Vgl. Tewes und Tewes (2020, S. 24); Witten und Schmidt (2019, S. 312).

[59] Vgl. Heinemann (2020, S. 128); Rumscheidt (2019, S. 47); Tripp (2019, S. 25); Umundum (2020, S. 153 f.); Vastag und Schellert (2020, S. 212 f.); Witten und Schmidt (2019, S. 313).

[60] Vgl. Vastag und Schellert (2020, S. 211).

[61] Vgl. Heinemann (2020, S. 128); Tripp (2019, S. 25).

[62] Vgl. Witten und Schmidt (2019, S. 313).

[63] Vgl. Savelsbergh und Van Woensel (2016, S. 581).

Entwicklung der letzten Meile 4.0 3

3.1 Industrie 4.0, Logistik 4.0 und Digitalisierung

Nach den vergangenen drei industriellen Revolutionen Mechanisierung, Elektrifizierung und Automatisierung beschreibt *Industrie 4.0* nun die Vision einer vierten industriellen Revolution.[1] Im Jahr 2011 wurde der Begriff erstmals von einer Promotorengruppe auf der Hannover Messe publik gemacht und ist mittlerweile weit verbreitet.[2] Mit seiner Entstehung entwickelten sich jedoch auch eine Vielzahl unterschiedlicher Auffassungen und Definitionen mit verschiedenen Schwerpunkten, wodurch eine eindeutige begriffliche Abgrenzung schwierig ist.[3]

Häufige Verwendung findet die Definition der Plattform Industrie 4.0, eines zentralen Netzwerks für digitale Transformation in Deutschland.[4] Im Jahr 2015 definierte diese Industrie 4.0 als „ … vierte industrielle Revolution, einer neuen Stufe der Organisation und Steuerung der gesamten Wertschöpfungskette über den Lebenszyklus von Produkten."[5] Als Grundlage dafür dient die Vernetzung von Menschen, Objekten und Systemen, die dynamische, selbst organisierende und echtzeitoptimierte Wertschöpfungsnetzwerke erzeugen.[6]

Als zentrale Bestandteile werden in den meisten Definitionen Begriffe wie Vernetzung, Digitalisierung, Wertschöpfungsprozesse und -ketten, Steuerung und

---

[1] Vgl. Bousonville (2017, S. 4); Obermaier (2019, S. 3).

[2] Vgl. Kagermann et al. (2011, online).

[3] Vgl. Lasi et al. (2014, S. 262); Obermaier (2019, S. 7).

[4] Vgl. Bundesministerium für Wirtschaft und Energie (2020, S. 3).

[5] Plattform Industrie 4.0 (2015, S. 8).

[6] Vgl. Plattform Industrie 4.0 (2015, S. 8).

W. Wellbrock et al., *Letzte Meile 4.0*, essentials, https://doi.org/10.1007/978-3-658-37551-5_3

Organisation aufgeführt.[7] So definiert auch Obermaier den Begriff Industrie 4.0 als „ … eine Form industrieller Wertschöpfung, die durch Digitalisierung, Automatisierung sowie Vernetzung aller an der Wertschöpfung beteiligter Akteure charakterisiert ist und auf Prozesse, Produkte oder Geschäftsmodelle von Industriebetrieben einwirkt."[8]

Kersten et al. führen zudem eine Abgrenzung der Begriffe Industrie 4.0, digitale Transformation und Digitalisierung durch.[9] Unter Industrie 4.0 wird hier die Zukunftsvision vernetzter Technologien mit dem Ziel der autonomen Steuerung und Echtzeitfähigkeit verstanden. Dies geschieht durch die digitale Transformation, bei der Wertschöpfung und Geschäftsmodelle an die Vision angepasst werden. Digitalisierung stellt dabei die Nutzung digitaler Technologien dar und dient so als Werkzeug im Transformationsprozess.

Die Logistik gilt dabei als entscheidender Anwendungsbereich für die vierte industrielle Revolution.[10] In allen Wirtschaftszweigen stellt sie eine Querschnittsfunktion zwischen Industrie und Handel dar und ist zudem mit einer Vielzahl technischer und gesellschaftlicher Herausforderungen auf direkte oder indirekte Art verbunden. Durch verändertes Konsumentenverhalten benötigen Lieferketten mehr Dynamik zur schnellen Anpassung an neue Anforderungen, wodurch die Koordination logistischer Prozesse immer umfangreicher wird und an Intensität gewinnt.[11] Neue digitale Technologien bieten für die Logistik große Potenziale, diese neuen und komplexen Herausforderungen zu meistern.[12] So ist die Digitalisierung der Logistik für die gesamte Wirtschaft von großer Bedeutung.

Aus dieser Idee hat sich der Begriff Logistik 4.0 entwickelt. In der Literatur findet er zwar häufig Anwendung, jedoch gibt es, anders als bei Industrie 4.0, nur wenige Definitionen. Dennoch lässt sich die Grundauffassung von Industrie 4.0 auf die Logistik übertragen. Wehberg definiert den Begriff Logistik 4.0 als „ … Entwicklung, Gestaltung, Lenkung und Realisierung veränderungsorientierter Netzwerke von Objektflüssen …, welche auf Mustererkennung, Generalisierung und Selbstorganisation beruhen und neue Technologien sowie innovative Services nutzen."[13] Helmke beschreibt die Anwendung von Industrie 4.0 auf die Logistik

---

[7] Vgl. Kersten et al. (2017, S. 50); Mertens et al. (2017, S. 47 f.).

[8] Obermaier (2017, S. 8).

[9] Vgl. Kersten et al. (2018, S. 104).

[10] Vgl. Helmke (2019, S. 183); ten Hompel und Henke (2014, S. 615).

[11] Vgl. ten Hompel und Kerner (2015, S. 176); Wehberg (2019, S. 368); Wurst (2020, S. 34).

[12] Vgl. Helmke (2019, S. 183); Hoberg et al. (2019, S. 165).

[13] Wehberg (2019, S. 370).

in ähnlicher Art und erläutert, dass „logistische Prozesse … mithilfe digital vernetzter Systeme in Richtung Selbststeuerung weiterentwickelt [werden, Anm. d.
Verf.].“[14] Bousonville beschreibt Logistik 4.0 als „umfassende Informatisierung
der Logistikbranche mit ihren Akteuren und Objekten.“[15] Diese können unterein-
ander und mit der Umgebung kommunizieren.[16] Den Fokus richtet er damit auf
die digitale Verfügbarkeit von Informationen zu Eigenschaften und Zuständen der
Objekte und Akteure.

Zu den Basistechnologien der digitalen Transformation und damit der Umsetzung von Industrie 4.0 und Logistik 4.0 zählen unter anderem Sensoren zur
Datenerfassung, das Internet für die Vernetzung und Kommunikation sowie sich
daraus ergebende Cloud-Technologien und Plattformen.[17] Diese ermöglichen
verschiedene Anwendungsfälle.

3.2   Letzte Meile 4.0

Die Digitalisierung ist ein bedeutendes Thema für alle Logistikprozesse und somit
auch für die letzte Meile.[18] In der Literatur findet sich der Begriff der letzten
Meile 4.0 zwar nicht, dennoch lassen sich die Kernelemente der Definitionen
von Logistik 4.0[19] auf die letzte Meile übertragen. So kann unter dem Begriff
letzte Meile 4.0 die Entwicklung des Auslieferungsprozesses zu einem vernetzten
System aus allen Akteuren und Objekten unter Nutzung digitaler Technologien
verstanden werden. Zu den Akteuren und Objekten der letzten Meile zählen
dabei u. a. Sender, Empfänger, KEP-Dienste, Sendungen und Transportmittel.
Sämtliche Informationen zum Prozess sind dabei digital verfügbar.

Die Digitalisierung ermöglicht damit in der Umsetzung die Verbindung von
Informationslogistik und physischer Logistik.[20] Objekte und Akteure werden
mittels Sensoren und Technologien zur Identifikation, Lokalisierung und Kommunikation internetfähig gemacht und so zum Teil des Internet der Dinge (engl.
Internet of Things). Dadurch wird eine vernetzte Steuerung und Kommunikation ermöglicht. Auch der Umgang mit Daten und Informationen verändert sich.

---

[14] Helmke (2019, S. 185).
[15] Bousonville (2017, S. 5).
[16] Vgl. Bousonville (2017, S. 5).
[17] Vgl. Bousonville (2017, S. 16–25); Hoberg (2019, S. 167); Obermaier (2019, S. 20).
[18] Vgl. Helmke (2019, S. 187).
[19] Vgl. Bousonville (2017, S. 5); Helmke (2019, S. 185); Wehberg (2019, S. 370).
[20] Vgl. Tripp (2019, S. 21); Witten und Schmidt (2019, S. 314).

Durch Cloud-Technologien können große Datenmengen gemanagt werden. Mit Hilfe selbstlernender Algorithmen, bspw. künstlicher Intelligenz oder Predictive Analytics, werden die Daten ausgewertet und eine Selbststeuerung ermöglicht. Zudem sind alle Informationen jederzeit und überall verfügbar, wodurch eine Transparenz im gesamten Prozess geschaffen wird. Physische Auslieferungsprozesse werden außerdem durch den Einsatz innovativer Transportmittel, bspw. Drohnen und Roboter, automatisiert.

3.3 Anwendung digitaler Technologien

Verschiedene Anwendungen der Digitalisierung finden sich auf der letzten Meile.[21] Digitale Technologien werden hier immer bedeutender, um die digitale Vernetzung in der Zustelllogistik voranzutreiben. Sie haben das Potenzial, Lieferprozesse zu verbessern und die Servicequalität zu steigern.

Bereits seit längerer Zeit ermöglicht die Digitalisierung das *Tracking and Tracing,* d. h. die Sendungsverfolgung in Echtzeit, wodurch die Sendungen Teilnehmer des Internet der Dinge werden.[22] Hierdurch kann der aktuelle Aufenthaltsort permanent ermittelt werden. Grundlage sind verschiedene Sensoren und Codes, die Daten zu Ort und Zeit des Auftrages beinhalten. Der Gedanke des Internet der Dinge auf der letzten Meile kann noch erweitert werden. Umwelt, Fahrzeuge, Güter und alle weiteren Teilnehmer können mittels Sensoren vernetzt werden. Dabei erfassen sie Daten, die sie über das Internet der Dinge kommunizieren und durch deren Auswertung weiterer Nutzen generiert werden kann. So können bspw. durch die Auswertung von Verkehrsdaten ein reales Abbild des Verkehrsaufkommens generiert und Auslieferungstouren optimiert werden.

Digitalisierung ermöglicht es auch, Nutzerdaten zu analysieren und so *Predictive Analytics* bzw. *Predictive Shipping* zu betreiben.[23] Durch Künstliche Intelligenz kann hierdurch eine vorausschauende Logistik entwickelt werden. Empfängerdaten werden von KEP-Diensten gespeichert, wodurch mittels Identifikation von Mustern Prognosen über das Empfangsverhalten entwickelt werden können. Dabei kann durch die Beachtung von weiteren Faktoren, wie saisonalen Schwankungen, und die ständige Abstimmung von Ist- und Prognosewerten

---

[21] Vgl. Clausen et al. (2016, S. 32); Hölter und Ninnemann (2020, S. 32); Wegner (2019, S. 291).

[22] Vgl. Clausen et al. (2016, S. 34); Werner (2020, S. 332).

[23] Vgl. Hölter und Ninnemann (2020, S. 32); Kersten et al. (2018, S. 111); Umundum (2020, S. 157); Werner (2020, S. 332).

die Genauigkeit erhöht werden. Hierdurch soll logistischen Schwierigkeiten, die sich durch komplexer werdende Kundenanforderungen bezüglich Lieferort und Lieferzeitpunkt ergeben, entgegengewirkt werden. Daneben gibt es Ideen, mittels Data Mining die Wahrscheinlichkeit der Anwesenheit des Empfängers zu ermitteln.[24] Grundlage dafür ist die Abbildung und Analyse seines Stromverbrauchs zu verschiedenen Zeiten. Diese Daten werden anschließend für die Optimierung der Terminierung von Haustürzustellungen verwendet.

Des Weiteren bietet die *intelligente Touren- und Routenplanung* Möglichkeiten, die Zustellung von Paketen neu zu organisieren.[25] Systeme, die stetig lernen und sich selbst optimieren, sind so zum Beispiel in der Lage, Touren in Echtzeit anzupassen, auch bei kurzfristiger Änderung der Auftragslage. Dies kann erweitert werden, indem spezifische Informationen über Kunden und Stadträume integriert werden, um dem Zusteller so genauere Informationen über die Zustellsituation bereitzustellen. Weiterhin kann die intelligente Tourenplanung die Organisation von Arbeitskräften verändern. Die Algorithmen beachten das Erfahrungswissen der Fahrer in den jeweiligen Einsatzgebieten und können so bei Bedarf die Tourenplanung und Sendungsmenge anpassen.

Neue Möglichkeiten ergeben sich auch aus der Nutzung von *Cloud-Technologien,* insbesondere in Form von Software-as-a-Service (SaaS).[26] Der Anwender kann hier eine vollwertige Applikation und den Applikationsserver über ein internetfähiges Endgerät nutzen. Im Bereich der letzten Meile können SaaS-Lösungen bspw. für die Auftragsabwicklung mit Routenplanung und Ordertracking genutzt werden.

Crowd Delivery, auch *Crowd Shipping* oder *Crowd Logistics* genannt, stellt ebenfalls ein neues Lösungskonzept für die letzte Meile dar.[27] Über digitale Plattformen und mobile Internettechnologien werden Lieferaufträge für Pakete und Fahrer verknüpft, wodurch die Ressourcen der Crowd genutzt werden, um logistische Dienstleistungen auszuführen und die letzte Meile umzusetzen.[28] Sogenannte Crowd-Worker können Transportaufträge über eine App annehmen, die Pakete bspw. aus dem Paketshop abholen und anschließend an den Empfänger ausliefern.[29]

---

[24] Vgl. Pan et al. (2017, S. 1918).

[25] Vgl. Bienzeisler und Zanker (2020, S. 36).

[26] Vgl. Bogdanski (2017, S. 85); Bousonville (2017, S. 23).

[27] Vgl. Bogdanski (2017, S. 83); Wegner (2019, S. 289).

[28] Vgl. Arslan et al. (2019, S. 222); Carbone et al. (2017, S. 238); Gerdes und Heinemann (2019, S. 415).

[29] Vgl. Wang et al. (2016, S. 280).

Digitale Technologien ermöglichen zudem das Konzept der *Kofferraumbelieferung*.[30] Hierfür wird der intelligente Kofferraum eines Fahrzeuges zum Teil des Internet der Dinge. Der Besitzer gibt die GPS-Daten seines Fahrzeuges für die Lieferung in den Kofferraum frei. Intelligente Technologien beobachten schon vorher das Fahrverhalten des Empfängers und können so den Parkplatz bereits im Vorhinein bestimmen. Der Paketdienstleister lokalisiert das Fahrzeug und kann mit einer einmaligen und nur für einen bestimmten Zeitraum gültigen digitalen Zugangsberechtigung den Kofferraum öffnen. Diese erlischt, sobald der Paketdienstleister die Sendung in den Kofferraum gelegt und diesen wieder geschlossen hat. Die Zustellung bei dieser Kofferraumlösung benötigt nicht die Präsenz des Empfängers, wodurch die Zustellquote erhöht wird. Zudem kann die Zustellung so koordiniert werden, dass sie erfolgt, wenn das Fahrzeug weitestgehend in der Nähe des Zustelldepots steht. DHL erprobte die Kofferraumzustellung bereits in verschiedenen Pilotprojekten zusammen mit Smart und Volkwagen.[31]

3.4   Innovative Transportmittel

Durch neue technologische Entwicklungen im Bereich der Sensorik und Bildverarbeitung können Fahrzeuge in Zukunft zunehmend automatisiert werden und sich teilweise autonom bewegen.[32] Diese autonomen Transportmittel können auch auf der letzten Meile genutzt werden.

Ein Beispiel für solch innovative Transportmittel sind autonome *Zustellroboter,* die in der intelligenten Sendungsverteilung zum Einsatz kommen können.[33] Dabei handelt es sich um kleine selbstfahrende Fahrzeuge, die elektrisch angetrieben werden und sich hauptsächlich auf Gehwegen fortbewegen. Sobald ein Kunde die Auslieferung seiner Bestellung beauftragt, wird ein Paketroboter im Depot beladen, welcher die einzelne Sendung dann selbstständig zum Empfänger transportiert. Beim Kunden angekommen, öffnet dieser den Laderaum mit einem Code und entnimmt das Paket, weshalb seine Anwesenheit zwingend notwendig ist. Paketroboter können dabei aufgrund von Einschränkungen bei Gewicht und Abmessung der Sendungen nur sehr wenige Pakete auf einmal transportieren und erreichen daher lediglich wenige Empfänger in einer Tour.[34] Aus diesem

[30] Vgl. Reyes et al. (2017, S. 71, 87); Vogler et al. (2018, S. 152); Werner (2020, S. 335).

[31] Vgl. Deutsche Post DHL Group (2017, online).

[32] Vgl. Hoberg et al. (2019, S. 168).

[33] Vgl. Clausen et al. (2016, S. 43 f.); Werner (2020, S. 334).

[34] Vgl. Mangiaracina et al. (2019, S. 914).

Grund benötigen sie außerdem Lager- und Umschlagsflächen in Kundennähe.[35] Vororte mit relativ geringem Verkehr sind hierfür das optimale Einsatzgebiet.[36] Das estnische Unternehmen Starship stellt diese Art von kleinen selbstfahrenden Paketrobotern her.[37] Mit einer Nutzlast von 10 kg transportieren sie Pakete mit einer Durchschnittsgeschwindigkeit von 3,6 km/h und 6 bis 10 km Reichweite. Hermes testete 2017 die Anwendung der Starship Roboter mit Testkunden in Hamburg.[38] Mercedes-Benz kooperierte ebenfalls mit Starship und gemeinsam wurde ein Konzept für die Roboterzustellung in Kombination mit einem Van entwickelt.[39] Die Idee besteht darin, dass ein mit Sendungen sowie Robotern beladener Van zu einem Auslieferungsort fährt und dort die mit Paketen beladenen Roboter aus dem Van lädt, damit diese autonom die Auslieferungstouren zu den Empfängern durchführen. Nach Zustellung fahren die Roboter selbstständig zu dezentralen Stellplätzen. Der Zusteller im Van führt auf diese Weise den Auslieferungsprozess durch und kann je nach Bedarf immer wieder Roboter einsammeln und ausfahren.

Eine weitere Möglichkeit der Paketzustellung mit innovativen Transportmitteln bieten *Zustelldrohnen*.[40] Die unbemannten Luftfahrzeuge werden dabei entweder manuell von einem Menschen am Boden oder teilautonom bzw. autonom von einem Computersystem gesteuert.[41] Autonome Drohnen können sich bereits einige Kilometer von ihrer Basisstation entfernen, wobei eine Geschwindigkeit von 30 bis 50 km/h normal ist. Der Antrieb erfolgt elektrisch. Die Nutzlast ist gewöhnlich auf fünf Kilogramm beschränkt. Ausgestattet sind sie dabei mit einer eingebauten Be- und Entladevorrichtung.[42] Vorteilhaft ist vor allem, dass Drohnen ohne Infrastruktur auskommen und Hindernisse einfach überfliegen können.[43] Im praktischen Einsatz werden Transportdrohnen in dünn besiedelten und schwer erreichbaren Gebieten gesehen.[44] Im urbanen Raum eignen sie sich für besonders dringende Sendungen. Eine massenhafte Zustellung wird hier nicht erwartet. Derzeit werden Zustelldrohnen nur für bestimmte Spezialfälle genutzt, bspw. den

---

[35] Vgl. Clausen et al. (2016, S. 44 f.).

[36] Vgl. Hoffmann und Prause (2018, S. 3).

[37] Vgl. Bogdanski (2017, S. 80).

[38] Vgl. Bertram (2017, online).

[39] Vgl. Boysen et al. (2018a, S. 1085).

[40] Vgl. Bogdanski (2017, S. 79).

[41] Vgl. Clausen et al. (2016, S. 38 f.); Werner (2020, S. 333).

[42] Vgl. Kunze (2016, S. 292).

[43] Vgl. Clausen et al. (2016, S. 40).

[44] Vgl. Gerdes und Heinemann (2019, S. 408); Vastag und Schellert (2020, S. 213).

Transport von Medikamenten oder für humanitäre Hilfen. Es bestehen verschiedene Konzepte zur Nutzung von Transportdrohnen.[45] Die Luftfahrzeuge können als Ergänzung zu den regulären Auslieferungen mit Zustellfahrzeugen dienen und einzelne Pakete von einem Depot aus an die entsprechende Adresse zustellen und wieder zurückfliegen. Auch besteht die Möglichkeit, die Transportdrohnen in direkter Verbindung mit einem Zustellfahrzeug zu nutzen. Dabei trägt das Fahrzeug die Drohnen, welche dann ausgehend von diesem einzelne Pakete ausliefern. Der Mercedes-Benz Vision Van bspw. ist ein elektrisch angetriebener Van mit zwei integrierten Drohnen auf dem Dach. Damit dient er als mobiles Depot für die Drohnen, die autonom Sendungen an Kunden zustellen, während gleichzeitig ein Zustellbote manuelle Auslieferungen durchführt. Mittels intelligenter Algorithmen wird die effiziente Zusammenarbeit der drei Komponenten sichergestellt. Des Weiteren gibt es das Konzept, bei dem Drohnen nicht den Kunden mit Paketen beliefern, sondern regelmäßig die Zustellfahrzeuge auf ihrer Route nachbeliefern, welche dann weiterhin die finale Zustellung ausführen. So soll das Problem fehlender geeigneter Zustellpunkte für die Luftfahrzeuge gelöst werden.

Die Nutzung von Zustelldrohnen ist jedoch noch sehr umstritten, da sie eine Gefahr für den Luftverkehr sowie für Menschen am Boden darstellen können.[46] Durch Kollision, technische Defekte oder Sabotage kann es zur Beschädigung, zum Verlust der Ware oder sogar zum Absturz der Drohne kommen. Zudem sind Drohnen stark von Witterungsverhältnissen abhängig und stellen eine weitere Lärmquelle dar. Des Weiteren stehen einer massenhaften Nutzung die hohen Kosten sowie die schlechte Effizienz durch eine geringe Transportkapazität und -reichweite entgegen. Auch ergeben sich Herausforderungen bei der Übergabe der Pakete beim Empfänger, nicht zuletzt da Drohnen in der Regel eine Landefläche von zwei Quadratmetern benötigen.

Ebenfalls zu den innovativen Transportmitteln auf der letzten Meile zählen *Lastenfahrräder.*[47] Dabei handelt es sich um elektrisch unterstützte Cargo Bikes, die mit einer Maximalgeschwindigkeit von 25 km/h meist Sendungen mit geringem Gewicht und Volumen ausliefern. Dieses innovative Zustellkonzept findet meist in Kombination mit Mikrodepots Anwendung. Dabei handelt es sich bspw. um Container, die sich direkt am Zustellort befinden. Hierdurch sollen die

---

[45] Vgl. Boysen et al. (2018b, S. 507); Dayarian et al. (2020, S. 230 f.); Vastag und Schellert (2020, S. 220).

[46] Vgl. Bogdanski (2017, S. 79); Clausen et al. (2016, S. 40); Kunze (2016, S. 292); Werner (2020, S. 333).

[47] Vgl. Bogdanski (2015, S. 55); Bogdanski und Cailliau (2020, S. 22–24); Vastag und Schellert (2020, S. 213); Werner (2020, S. 334).

Nachteile, die sich aus dem geringen Ladevolumen der Lastenräder ergeben, ausgeglichen werden. Auch bei dieser Zustellmethode besteht die Möglichkeit, durch digitale Technologien ein vernetztes System zu schaffen.

Empirische Erhebung zur Bestimmung der Endkundenanforderungen an die letzte Meile

4

4.1 Methodisches Vorgehen

Wie in Abschn. 2.4 erläutert, werden Endkundenanforderungen an die finale Paketzustellung zunehmend komplexer und individueller. Grundlegendes Ziel der nachfolgenden Untersuchung ist es demnach, herauszufinden, welche Anforderungen Endkunden an die Zustellung ihrer Pakete haben. Diese sollen dabei bzgl. der Kategorien Ort, Zeit, Kosten, Verkehr, Umwelt und Kontakt betrachtet werden. Zusätzlich ist zu erfassen, in welcher dieser Kategorien Kunden momentan die größten Probleme wahrnehmen. Die Ergebnisse dienen als Grundlage für die Untersuchung, ob innovative Technologien die identifizierten Kundenansprüche erfüllen und zudem potenzielle Lösungen für die festgestellten Probleme darstellen können. Im nächsten Schritt soll zunächst das methodische Vorgehen der Erhebung näher betrachtet werden.

Für die Untersuchung wurde der quantitative Forschungsansatz gewählt, bei dem verschiedene Ausprägungen von Variablen gemessen und die Werte anschließend statistisch analysiert werden.[1] Dabei wird die Untersuchung deskriptiv durchgeführt, um die Häufigkeitsverteilungen der einzelnen Merkmale genau zu beschreiben und einen Bericht über die beobachteten Daten darzulegen.[2] Die Datenerhebung erfolgt durch eine vollstrukturierte schriftliche Befragung, bei der ein möglichst reales Meinungsbild durch eine repräsentative Strichprobe erzeugt werden soll.[3] Hierbei wird ein Online-Fragebogen genutzt, welcher per Internet über einen Zugangslink verteilt wird.[4] Dafür muss ein vollstandardisierter

---

[1] Vgl. Döring und Bortz (2016, S. 184).

[2] Vgl. Berger-Grabner (2016, S. 110, 117).

[3] Vgl. Döring und Bortz (2016, S. 405); Hussy et al. (2013, S. 157).

[4] Vgl. Döring und Bortz (2016, S. 414).

W. Wellbrock et al., *Letzte Meile 4.0*, essentials,
https://doi.org/10.1007/978-3-658-37551-5_4

Fragebogen entwickelt werden, welcher sich aus geschlossenen Fragen zusammensetzt.[5] Der Fragebogen gliedert sich in drei Teile. Zu Beginn werden die Teilnehmer zu ihrem Bestellverhalten befragt. Hier erfolgt zudem eine Bewertung verschiedener Zustelloptionen nach ihrer Nutzungshäufigkeit auf einer fünfstufigen Ordinalskala. Im zweiten Teil findet zunächst eine Bewertung der Wichtigkeit verschiedener Aspekte der Paketzustellung aus den Kategorien Ort, Zeit, Umwelt, Kosten und Kontakt statt. Die Analyse umfasst zehn Indikatoren. Im Anschluss daran erfolgt eine Bewertung aktueller Probleme bei der Paketlieferung. Die Probleme umfassen acht Indikatoren aus den Kategorien Zeit, Ort, Kosten, Verkehr und Umwelt.

Zur Generierung der Stichprobe wurde der Zugangslink zu der Befragung verteilt. Primär geschah dies über den studentischen E-Mail-Verteiler der Hochschule Heilbronn. Insgesamt nahmen 217 Personen an der Befragung teil, von denen 203 die Befragung bis zum Ende durchführten. Damit ergibt sich eine Stichprobe aus 203 Personen.

4.2   Ergebnisse der quantitativen Erhebung

Um Informationen über das allgemeine Bestellverhalten und damit den Erhalt von Paketsendungen zu generieren, wurden die Teilnehmer nach der Häufigkeit von Onlineshopping und der Nutzung verschiedener Zustelloptionen befragt.

Bei der Frage, wie häufig die Befragten über das Internet einkaufen, gaben 86,7 % an, dies zumindest einmal pro Monat zu tun (siehe Abb. 4.1). Knapp 40 % der Befragten (38,9 %) nutzt Onlineshopping sogar mehrmals pro Monat. Fast ein Viertel der Teilnehmer kauft sogar einmal pro Woche oder häufiger über das Internet ein (24,1 %).

Die Ergebnisse der Frage nach der Nutzungshäufigkeit verschiedener Zustelloptionen zeigen eine klare Präferenz der Haustürzustellung (siehe Abb. 4.2). 97 % aller Teilnehmer nutzen diese Form sehr oft oder oft. Alle anderen Möglichkeiten werden von der Mehrheit nie genutzt. Bei der Lieferung an den Nachbarn geben 30,5 % an, diese Form gelegentlich oder selten zu nutzen. Dagegen nutzen 63,5 % diese gar nicht. Ähnlich sieht es bei der Nutzung personell besetzter Abholstellen aus. Während knapp ein Viertel (24,6 %) diese Lieferoption gelegentlich oder selten nutzt, gibt die Mehrheit mit 73,9 % an, dies gar nicht zu tun. Die Lieferung an automatische Packstationen findet unter den Teilnehmern am wenigsten Verwendung. Diese wird von 84,7 % nie genutzt.

---

[5] Vgl. Atteslander (2010, S. 134 f.); Berger-Grabner (2016, S. 117); Döring und Bortz (2016, S. 405); Hussy et al. (2013, S. 74).

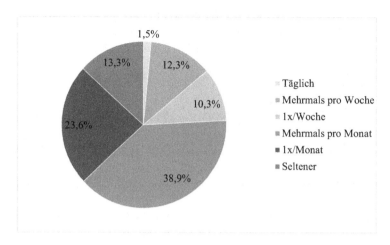

Abb. 4.1 Häufigkeit des Onlineshoppings. (Quelle: Eigene Darstellung)

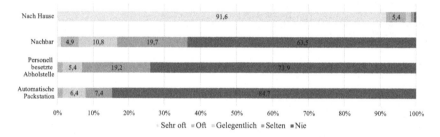

Abb. 4.2 Nutzungshäufigkeit verschiedener Zustelloptionen. (Quelle: Eigene Darstellung)

Im Anschluss daran fand eine Bewertung verschiedener Aspekte bei der Lieferung von Paketen nach persönlicher Wichtigkeit durch die Teilnehmer statt (siehe Abb. 4.3). Dies geschah über eine Skala mit den Ausprägungen eins (sehr unwichtig), zwei (unwichtig), drei (mäßig wichtig), vier (wichtig), fünf (sehr wichtig). Die drei Anforderungen, die die durchschnittlich höchste Punktzahl erhielten, sind Pünktlichkeit (4,58), Schnelligkeit (4,40) und die Möglichkeit der Zustellung bei Abwesenheit des Empfängers (4,33). Insgesamt zeigt sich, dass sieben der zehn aufgestellten Aspekte von mindestens der Hälfte aller Teilnehmer als wichtig oder sehr wichtig empfunden werden.

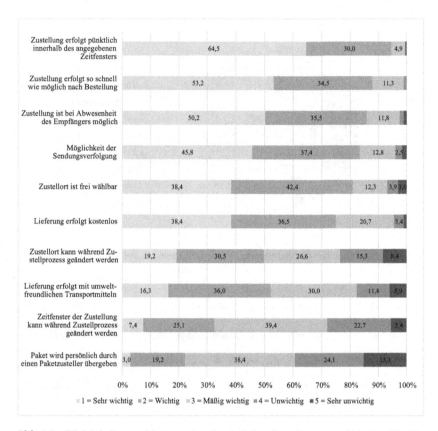

Abb. 4.3 Wichtigkeit verschiedener Aspekte bei der Zustellung von Paketen. (Quelle: Eigene Darstellung)

Von hoher Bedeutung ist für die Befragten also die Pünktlichkeit, d. h. dass die Zustellung innerhalb des angegebenen Zeitfensters erfolgt. Diese wird von 64,5 % als sehr wichtig empfunden, weitere 30,0 % empfinden sie als wichtig. Hier fügten die Teilnehmer hinzu, dass das angegebene Zeitfenster möglichst klein sein sollte. Auch die Schnelligkeit, d. h. dass die Zustellung so schnell wie möglich nach der Bestellung erfolgt, gilt als wichtiger Aspekt. Während 53,2 % diese als sehr wichtig ansehen, ist sie für weitere 34,5 % wichtig. Dass die Zustellung auch bei Abwesenheit des Empfängers erfolgen kann, wird von der Hälfte aller Befragten als sehr wichtig angesehen (50,3 %). Ein weiteres Drittel (35,5 %) empfindet diesen Punkt als wichtig. Den Zustellprozess in einer Sendungsverfolgung beobachten (4,24) zu können, empfinden 83,2 % der Teilnehmer als wichtig oder sehr wichtig. Darauf folgen der frei wählbare Zustellort (4,09) und die kostenlose Lieferung (4,08), welche von den Befragten als ähnlich wichtig bewertet werden. Sie werden von 80,8 % bzw. 74,9 % als wichtig oder sehr wichtig empfunden. Die Lieferung mit umweltfreundlichen Transportmitteln wird von den Befragten mit 3,45 Punkten bewertet. Auch hier gibt die Mehrheit der Befragten (52,3 %) an, dies als wichtig oder sehr wichtig anzusehen. Die Hälfte aller Befragten (49,7 %) legt Wert auf die Möglichkeit, den Zustellort während des Zustellprozesses nochmals ändern zu können (3,37) und sieht dies als wichtig oder sogar sehr wichtig an. Ein Viertel dagegen (26,6 %) legt nur mäßigen Wert darauf. Die Möglichkeit, das Zeitfenster der Zustellung während des Zustellprozesses nochmals ändern zu können (3,06) ist für lediglich ein Viertel der Befragten (25,1 %) eine wichtige Anforderung. Dagegen empfinden 39,4 % diese Möglichkeit als mäßig wichtig und wiederum über ein Viertel (28,1 %) als unwichtig oder sehr unwichtig. An unterster Stelle landet die persönliche Paketübergabe durch einen Paketboten (2,70). 38,4 % der Befragten finden dies mäßig wichtig. 39,4 % aller Teilnehmer empfinden den persönlichen Kontakt bei der Zustellung sogar als unwichtig oder sehr unwichtig.

Um die aktuellen Probleme bei der Paketlieferung aus Kundensicht zu identifizieren, wurden diese ebenfalls anhand einer Skala von eins (überhaupt nicht) bis fünf (in hohem Maße) bewertet (siehe Tab. 4.1). Unter allen Teilnehmern wird

Tab. 4.1 Bewertung aktueller Probleme bei der Paketlieferung.

Problem	Mittelwert	Standardabweichung
Lange Lieferzeiten	3,22	1,16
Hohe Versandkosten	3,14	1,30
Belastung der Umwelt durch Zustellfahrzeuge	3,13	1,19
Unpünktliche Lieferungen	3,07	1,22
Paketlieferung erfolgt nicht an vereinbartem Ort	2,80	1,60
Beeinträchtigung der Verkehrssicherheit durch Zustellfahrzeuge	2,20	1,31
Beeinträchtigung des Verkehrsflusses durch Zustellfahrzeuge	2,03	1,13
Lärmbelästigung durch Zustellfahrzeuge	1,65	1,02

Quelle: Eigene Darstellung

das Problem langer Lieferzeiten mit 3,22 Punkten am höchsten bewertet. Darauf folgen hohe Versandkosten mit 3,14 Punkten und die Umweltbelastung durch Zustellfahrzeuge mit 3,13 Punkten. Unpünktliche Lieferungen erhalten von den Teilnehmern 3,07 Punkte. Dass Pakete an nicht vereinbarte Orte geliefert werden, bewerten die Befragten mit 2,80 Punkten. Dieses Problem weist jedoch mit 1,60 die höchste Standardabweichung auf, was bedeutet, dass die einzelnen Teilnehmerantworten hier am meisten um den Mittelwert schwanken. Während ein Drittel aller Teilnehmer hier 1,0 Punkt vergeben (33,0 %), bewerten knapp ein Viertel der Befragten dieses Problem mit 5,0 Punkten (23,7 %). Die Beeinträchtigung der Verkehrssicherheit (2,20) und des Verkehrsflusses (2,03) durch Zustellfahrzeuge wird als eher gering eingestuft. Als am wenigsten problematisch wird von den Teilnehmern die Lärmbelästigung durch Zustellfahrzeuge empfunden (1,65). Dieser Aspekt weist mit einer Standardabweichung von 1,02 auch die niedrigste durchschnittliche Abweichung vom Mittelwert auf.

Aus den Ergebnissen der Online-Befragung werden nun innerhalb der einzelnen Kategorien Erkenntnisse zu Kundenanforderungen dargestellt. In der Kategorie *Ort* zeigt sich aus Abb. 4.2, dass fast ausschließlich die bequemste Form der Haustürzustellung genutzt wird. Dies deckt sich mit den Erkenntnissen der Literatur, aus der hervorgeht, dass die Mehrheit aller B2C-Sendungen auf diese Weise zugestellt werden.[6] Bei den örtlichen Faktoren zeigt sich zudem, dass 80,8 % der Teilnehmer die freie Wahl des Zustellortes als wichtig oder sehr wichtig empfinden (siehe Abb. 4.3). Die Möglichkeit der Änderung des Zustellortes während der Zustellung empfinden dagegen nur 49,8 % als wichtig oder sehr wichtig. Hier zeigt sich, dass Individualität im Punkt Ort für Kunden zwar wichtig ist, aber nicht unbedingt der Wunsch nach flexibler Individualität im gesamten Zustellprozess besteht. Hinzu kommt, dass die Befragten das Problem von Lieferungen an nicht vereinbarte Orte mit 2,80 Punkten bewerten (siehe Tab. 4.1). Somit besteht Handlungsbedarf bei der Zuverlässigkeit von Zustellungen.

In der Kategorie *Zeit* wurden die Teilnehmer nach der Wichtigkeit von Pünktlichkeit, Schnelligkeit und Flexibilität befragt (siehe Abb. 4.3). Pünktlichkeit wird von den Teilnehmern unter allen Aspekten als am wichtigsten angesehen. An zweiter Stelle steht die Schnelligkeit. Somit kann gesagt werden, dass Pünktlichkeit und Schnelligkeit zu den wichtigsten Kundenanforderungen in der Paketzustellung gehören. Der Punkt Flexibilität, d. h. dass das Zeitfenster der Zustellung während des Zustellprozesses geändert werden kann, wird dagegen von 62,1 % der Teilnehmer nur als mäßig wichtig oder sogar als unwichtig empfunden. Um die bedeutenden Kundenanforderungen von Pünktlichkeit

---

[6] KE-CONSULT Kurte & Esser GbR (2018b, S. 1).

und Schnelligkeit zu erfüllen, besteht jedoch Handlungsbedarf. Tab. 4.1 zeigt, dass lange Lieferzeiten als größtes Problem gesehen werden, wodurch eine Beschleunigung der letzten Meile notwendig wird. Auch unpünktliche Lieferungen erhalten eine vergleichsweise hohe Problembewertung. Außerdem zeigt sich, dass für Kunden die Transparenz und damit die Möglichkeit über den zeitlichen und örtlichen Verlauf der Sendung in einer Sendungsverfolgung informiert zu sein, von hoher Bedeutung ist. 83,3 % bewerten diesen Punkt als wichtig oder sehr wichtig (siehe Abb. 4.3).

In der Kategorie *Kosten* zeigt sich, dass eine kostenlose Lieferung für Dreiviertel aller Teilnehmer (74,9 %) von großer Bedeutung ist (siehe Abb. 4.3). Die Zahlungsbereitschaft ist somit, entsprechend den Erkenntnissen aus der Literatur,[7] eher gering. In diesem Punkt zeigt sich jedoch Handlungsbedarf, denn hohe Versandkosten erhalten in der Problembewertung 3,14 Punkte (siehe Tab. 4.1). Somit muss auch hier gehandelt werden, um die Anforderungen der Kunden zu erfüllen.

In der Kategorie *Kontakt* zeigt sich, dass die persönliche Übergabe des Paketes durch einen Paketzusteller nicht zu den wichtigsten Anforderungen gehört. Die Mehrheit der Befragten empfindet dies als mäßig wichtig oder sogar unwichtig (siehe Abb. 4.3). Viel wichtiger ist aus Kundensicht die Möglichkeit der Zustellung bei Abwesenheit des Empfängers. Dieser Punkt wird von der großen Mehrheit als wichtig oder sogar sehr wichtig empfunden.

Um die Kategorie *Verkehr* näher zu beleuchten und herauszufinden, inwieweit aus Kundensicht hier Handlungsbedarf besteht, wurden die Teilnehmer gebeten, die Lärmbelästigung sowie Beeinträchtigung von Verkehrsfluss und -sicherheit durch Zustellfahrzeuge zu bewerten. Hier zeigt sich, dass in diesem Bereich aus Kundensicht wenig bis mittelmäßiger Handlungsbedarf besteht. Wie aus Tab. 4.1 hervorgeht, belegen alle drei Aspekte die untersten Plätze in der Problembewertung.

In der Kategorie *Umwelt* wurden die Teilnehmer zu umweltfreundlichen Transportmitteln befragt. Wie Tab. 4.1 zeigt, wird die Belastung der Umwelt durch Zustellfahrzeuge mit 3,13 Punkten vergleichsweise hoch bewertet. Zudem geben 52,2 % der Befragten an, die Lieferung mit umweltfreundlichen Fahrzeugen sei ihnen wichtig oder sogar sehr wichtig (siehe Abb. 4.3). Somit zeigt sich in diesem Punkt, dass Kunden durchaus die Anforderung an eine umweltfreundliche Lieferung stellen und Handlungsbedarf besteht.

---

[7] Vgl. Savelsbergh und Van Woensel (2016, S. 581).

Empirische Erhebung zur Bestimmung von Potenzialen innovativer Technologien auf der letzten Meile

5.1 Methodisches Vorgehen

Im folgenden empirischen Teil werden verschiedene innovative Technologien und Konzepte als potenzielle Lösungen für die letzte Meile betrachtet. Das Ziel ist es dabei, die individuellen Potenziale der einzelnen Lösungen im Hinblick auf die verschiedenen Anforderungen durch aktuelle Trends sowie Kunden zu identifizieren. In mehreren Einzelfallstudien werden verschiedene Lösungen individuell betrachtet und analysiert.[1] Jeder Fall ergibt eine Forschungseinheit, die strukturiert und detailliert auf ihre Merkmale beleuchtet wird. Dabei ist das Ziel nicht, Repräsentativität zu erlangen, sondern ein Verständnis für die speziellen Merkmale dieser Fälle zu erzeugen. Für die Fallstudien wurde ein qualitativer Forschungsansatz gewählt, bei dem die Generierung von Informationen durch ein offenes und flexibles Vorgehen erfolgt.[2] Der Fokus liegt hier auf der Analyse weniger Fälle, für die jedoch ein detaillierter und umfassender Informationsgehalt der Ergebnisse ermöglicht wird. Als Erhebungsmethode wurde das qualitative Interview gewählt. Kennzeichnend für diese mündliche Form der Befragung ist, dass der Interviewverlauf durch die Verwendung offener Fragen maßgeblich durch den Befragten mitgestaltet wird.[3] Die qualitativen Interviews erfolgen dabei als Experteninterviews, welche eine halbstrukturierte Interviewform darstellen.[4]

---

[1] Vgl. Döring und Bortz (2016, S. 215); Kaiser (2014, S. 4); Oehlrich (2019, S. 141).

[2] Vgl. Berger-Grabner (2016, S. 117); Döring und Bortz (2016, S. 184).

[3] Vgl. Döring und Bortz (2016, S. 365).

[4] Vgl. Döring und Bortz (2016, S. 372).

W. Wellbrock et al., *Letzte Meile 4.0*, essentials, https://doi.org/10.1007/978-3-658-37551-5_5

Tab. 5.1 Übersicht der Interviewpartner.

Kürzel	Unternehmen	Beschreibung der Lösung
E1	Tiramizoo GmbH	Software-as-a-Service-Lösungen (SaaS-Lösungen) für die urbane Logistik[9]
E2	Mister-Postman GmbH	Plattform für innerstädtische Lieferungen durch die Crowd[10]
E3	RYTLE GmbH	Vernetztes Konzept aus Lastenrad, Box und Hub[11]
E4	DroidDrive GmbH	Ducktrain: Automatisiertes, elektrisches Leichtfahrzeug für die letzte Meile[12]

Quelle: Eigene Darstellung

Als Erhebungsinstrument wird ein Leitfaden genutzt, der einen Fragenkatalog mit vorformulierten, offenen Fragen darstellt.[5]

Die Wahl der Interviewpartner, welche zur Datenerhebung der Fallstudien dienen, erfolgte nicht zufällig, sondern informationsorientiert und nach inhaltlichen Erwägungen.[6] Als Fälle wurden Unternehmen ausgewählt, die entsprechende Lösungen anbieten. Die Stichprobe konzentriert sich dabei primär auf Startups, da diese als Impulsgeber in Bezug auf die Digitalisierung der letzten Meile gelten.[7] Nach entsprechender Internetrecherche wurden elf Unternehmen identifiziert und anschließend per E-Mail kontaktiert. Von diesen erklärten sich vier zur Teilnahme am Experteninterview bereit (siehe Tab. 5.1).[8]

Als Basis für die Auswertung der Experteninterviews dienen die transkribierten Tonaufzeichnungen der einzelnen Gespräche.[13] Die Auswertung der Ergebnisse erfolgt auf Grundlage der inhaltlich strukturierenden qualitativen

---

[5] Vgl. Atteslander (2010, S. 135); Berger-Grabner (2016, S. 141 f.); Döring und Bortz (2016, S. 372, 376); Kaiser (2014, S. 5); Niebert und Gropengießer (2014, S. 125 f.).

[6] Vgl. Borchardt und Göthlich (2009, S. 38); Kaiser (2014, S. 71); Oehlrich (2019, S. 142).

[7] Vgl. Umundum (2020, S. 159); Wegner (2019, S. 298).

[8] Bis auf die tiramizoo GmbH handelt es sich bei allen Unternehmen um Startups. Tiramizoo wurde dennoch in die Stichprobe mitaufgenommen, da es sich hier um den führenden Anbieter von Technolgien speziell für urbane Logistik handelt (vgl. Tiramizoo (o. J.a online)) und daher zur Thematik der Arbeit passt.

[9] Vgl. Tiramizoo (o. J.b, online).

[10] Vgl. Mister Postman (o. J., online).

[11] Vgl. Rytle (o. J., online.)

[12] Vgl. Ducktrain (o. J., online).

[13] Vgl. Mayring (2016, S. 89–91).

Inhaltsanalyse nach Kuckartz, bei der mit deduktiver und induktiver Kategorie-
bildung gearbeitet wird.[14]

5.2 Ergebnisse der qualitativen Erhebung

Im Folgenden erfolgt die Darstellung der Ergebnisse der Experteninterviews.
Zunächst werden die in den Interviews vorgelegten Lösungen für die letzte Meile
in einzelnen Fallstudien dargestellt. Im Anschluss daran erfolgt die Zusammenfassung und Interpretation dieser Ergebnisse, bei der die einzelnen Kategorien
miteinander verglichen werden und innerhalb dieser geprüft wird, ob die in Kap. 4
identifizierten Kundenanforderungen entsprechend erfüllt werden.

SaaS-Lösungen für urbane Logistik
Das Unternehmen tiramizoo ist ein SaaS-Anbieter für urbane Logistiksysteme. Das
Kerngeschäft ist ein Transportmanagementsystem für urbane Logistik, das neben
der Tourenplanung viele weitere Features enthält. Mit der Plattform von tiramizoo
lässt sich der komplette Prozess der letzten Meile digital abbilden. Den Kern bildet
dabei ein Routenoptimierer bzw. Routenplaner. Daneben gibt es weitere Funktionen,
wie das Order- und Fahrflottenmanagement oder die Kommunikation mit Fahrern
und Endkunden, wodurch das System letzten Endes die optimale Auslastung aller
Assets ermöglicht. Die Lösung von tiramizoo bietet Ordnung und Strukturierung der
Prozesse und erlaubt so eine hohe Transparenz. Unternehmen, die das System nutzen, wird damit Kenntnis über ihren eigentlichen Ist-Zustand geboten. Dazu gehören
unter anderem genaue Informationen zu Fahrern, Strecken, Dauer und Schnelligkeit.
Zu dem Transportmanagementsystem für urbane Logistik gehören vier Produkte.
Diese umfassen ein Einsteigerprodukt, welches die Organisation genau eines Fah-
rers über eine App ermöglicht, eine standardisierte Online-Anbindung mit der die
fahrzeugübergreifende Optimierung durchgeführt werden kann, eine Plattform für
sehr große Unternehmen mit individuellen und komplexen Anpassungsprozessen
und eine API-Anbindung an den tiramizoo Algorithmus, mit der der Kunde seine
eigene IT und Benutzeroberfläche nutzt und lediglich Auftragsdaten und Ergebnisse
mit tiramizoo austauscht.
Die Nutzung von tiramizoo bietet dabei besonders für den urbanen Raum Potenziale. Die Lösung ermöglicht die Tourenplanung und Fahrereinteilung unter Ein-
bezug innerstädtischer Restriktionen und Bedingungen, wie bspw. Einbahnstraßen,
Wohnorte und Stockwerke der Empfänger.

---

[14] Vgl. Kuckartz (2018, S. 72).

Tiramizoo ermöglicht als Steuerungsinstrument die Anpassung der Auslieferungsprozesse nach individuellen Anforderungen und damit eine höhere Effizienz dieser. Dabei wird mit einer Kostenfunktion gearbeitet, deren Variablen mit den entsprechenden Kosten für bspw. Zeit, Emissionen, Fahrzeuge, Fahrer und Kraftstoff hinterlegt werden. Anschließend kann individuell entschieden werden, nach welchen Faktoren die letzte Meile optimiert und gesteuert werden soll. Der Nutzer kann zum Beispiel die Routen gleichmäßig auf die Fahrer verteilen, sodass diese in selbem Maße ausgelastet sind. Mit der Technologie lassen sich die Prozesse verschiedener Fahrzeugtypen, wie Elektroautos, Dieselfahrzeuge oder auch Fahrräder, optimieren. So kann die Nutzung bestehender Fahrzeuge so weit optimiert werden, dass die Anschaffung weiterer unter Umständen nicht notwendig ist. Hierdurch können Kosten eingespart werden. Auch können Auslieferungsprozesse so gestaltet werden, dass so wenige Fahrzeuge wie möglich im Einsatz sind oder so wenige Kilometer wie möglich gefahren werden, unabhängig der Fahrzeuganzahl. Durch eine solche Anpassung des Einsatzes der Fahrzeuge können CO_2-Emissionen reduziert und damit negative Umweltauswirkungen reduziert werden. Auch wird speziell bei der Planung von Routen von Elektrofahrzeugen auf eine batterieschonende Strecke geachtet.

Plattform für Paketlieferung durch die Crowd
Mister Postman beschreibt sich selbst als das „Uber der urbanen Logistik". Dieses Konzept für die letzte Meile stellt eine Plattform dar, die eine Infrastruktur für die Organisation von Angebot und Nachfrage von Paketlieferungen bietet und so Akteure der letzten Meile vernetzt. Das Besondere ist, dass es sich bei Mister Postman um eine Crowdlösung handelt. Der Transport der Pakete wird von Privatpersonen ausgeführt. Diese Postmen machen die Paketauslieferung zum Bestandteil ihres Alltags. Das Angebot besteht dabei aus einem Lieferdienst für Pakete aus Paketshops oder Packstationen an die Haustür des Kunden. Daneben bietet die Plattform einen Abholdienst für Pakete beim Endkunden sowie einen Kurierdienst an. Damit stellt Mister Postman eine Anschlusslösung für Paketdienstleister dar. Kunden, deren Pakete bspw. aufgrund erfolgloser Haustürzustellung in einen Paketshop gebracht werden, haben die Möglichkeit, über Mister Postman die Lieferung nach Hause zu beauftragen. In einer App werden alle Informationen zu dem Paket angegeben. Nach Abschluss des Auftrages erfolgt eine Unterschrift in der App, bei der eine Vollmacht für den ursprünglichen Lieferdienst generiert wird. Sobald ein Postman den Auftrag annimmt, wird die Vollmacht auf ihn übertragen und er kann das Paket abholen. Kerngedanke ist dabei, dass Personen, die sich ohnehin an Orten zur Paketabholung befinden, Pakete für Nachbarn und Freunde aus ihrer Umgebung

oder auf dem Heimweg mitnehmen und entsprechend verteilen. Ziel ist, dass Personen die Mister Postman für die Lieferung ihrer Pakete nutzen, sich langfristig auch selbst als Postmen registrieren, damit nicht nur die Hilfe der Crowd genutzt wird, sondern auch der Crowd geholfen wird.

Die Lösung von Mister Postman eignet sich besonders für Großstädte und urbane Räume, da hier das benötigte Netz aus Paketshops gegeben ist und entsprechende Bündelungseffekte bei der Mitnahme und Auslieferung erzielt werden können. Potenziale bietet Mister Postman hier vor allem durch seine Funktion als Schnittstelle zwischen Endkunden und Paketshop. Die App verbindet die präferierte Haustürzustellung von Kunden mit der effizienteren Lieferung an Abholpunkte durch Paketdienstleister. Dadurch ermöglicht Mister Postman die Umsetzung beider Faktoren und wirkt Effizienzverlusten durch Nichtanwesenheit des Empfängers entgegen.

Die Nutzung der Crowdlösung hat zudem Auswirkungen auf den Verkehr. Durch die Anlieferung an Paketshops durch Paketdienstleister sollen die klassischen Transportfahrzeuge aus dem innerstädtischen Verkehr entfernt werden. Infolge der Integration der Auslieferung in den Alltag von Privatpersonen, entfällt zusätzlicher Transportverkehr. Die Postmen entscheiden dabei selbst, ob sie die Auslieferung mit dem Auto, E-Roller, Lastenfahrrad, zu Fuß oder auf sonstige Art durchführen. Dabei entstehen selbst durch die Auslieferung mit dem Auto Potenziale zur Verkehrsentlastung und Erhöhung der Verkehrssicherheit. Zum einen werden durch die Alltagsintegration keine zusätzlichen Wege gefahren, zum anderen haben Privatpersonen bessere Möglichkeiten bei der Parkplatzsuche, wodurch das Parken in zweiter Reihe oder auf dem Gehweg entfällt.

Als Anschlusslösung soll das Crowdkonzept zudem zur Senkung der CO_2-Emissionen beitragen und damit negativen Umweltauswirkungen entgegenwirken. Die Emissionsreduktion erfolgt dabei durch die gebündelte Anlieferung an Paketshops durch die Paketdienstleister. Dies spart Ressourcen, Fahrzeuge und Personal. Durch die anschließende Auslieferung durch Postmen werden zusätzliche Strecken vermieden und Wege für mehrere Pakete jeweils nur einmal erledigt. Dadurch wird die Haustürzustellung zu einem nachhaltigeren Prozess.

Durch die erfolglose Haustürzustellung beim Kunden und die anschließende Lieferung in einen Paketshop, wird die letzte Meile zunächst entschleunigt. Durch Mister Postman bekommt der Kunde aber die Möglichkeit, sein Paket innerhalb weniger Stunden wieder geliefert zu bekommen. Potenziale ergeben sich dabei vor allem aus der Pünktlichkeit, da der Kunde das Zeitfenster der Lieferung bestimmt. Durch die zusätzliche Vorankündigung des Paketboten über die App kann der Kunde sicherstellen, dass er während der Zustellung anwesend ist. Der Kunde erhält so eine zusätzliche Transparenz und die Zustellquote sowie Effizienz werden erhöht.

Vernetzte Lösung aus Lastenrad, Box und Hub

Das Konzept von Rytle besteht aus einem vernetzten System mit Lastenfahrrädern, Boxen und einem Hub für die letzte Meile. Die Idee dabei ist es, die Paketzustellung in zwei Teile zu gliedern. Im ersten Schritt wird das Paketvolumen für die Innenstadt in einem Container, dem Hub, der neun vorkommissionierte Boxen mit einem Volumen von jeweils 1,5 Kubikmetern enthält, transportiert. Im anschließenden zweiten Schritt wird die Auslieferung der Pakete mit einem Lastenfahrrad und einer Box hintendran durchgeführt. Das Lastenfahrrad erhält dabei bis zu einer Geschwindigkeit von 25 km/h Motorunterstützung. Durch die Trennung des Prozesses werden Kommissionierung und Auslieferung nicht mehr von derselben Person durchgeführt, weshalb die Nutzung digitaler Technologien von besonderer Bedeutung ist. Hierdurch wird sichergestellt, dass zu jedem Zeitpunkt Kenntnis über den Ort der Pakete besteht und damit eine fehlerfreie Zustellung gewährleistet ist. Die einzelnen Komponenten des Systems sind vernetzt. Bei der Beladung einer Box mit Paketen werden beide gescannt und verheiratet. Jede Box verfügt über einen eigenen QR- bzw. Barcode. Anschließend wird die Box mit dem Hub verheiratet. Während der Zustellung wird die Box mit dem Fahrrad verheiratet. Diese Prozesskette ermöglicht es, zu jedem Zeitpunkt genau zu wissen, wo sich die einzelnen Pakete befinden. Über eine Software lässt sich der Prozess transparent darstellen und überwachen.

Rytle trägt besonders im urbanen Raum zur Entlastung des Verkehrs bei. Bei vorhandener Infrastruktur können die Lastenfahrräder Radwege nutzen. Zudem begegnen sie bei der Parkplatzsuche weniger Herausforderungen als konventionelle Zustellfahrzeuge. Zusätzlich ergeben sich hier Potenziale durch die Trennung des Auslieferungsprozesses. Da die Zusteller im Stadtgebiet mit der Auslieferung beginnen, wird auch die Zahl der Straßenverkehrsteilnehmer reduziert, wodurch weniger Staus entstehen. Die Lösung von Rytle ist dabei besonders für den urbanen Raum geeignet. Die erforderliche Stoppdichte ist vor allem in Wohngebieten außerhalb des Innenstadtbereichs, wo viele Privatpersonen regelmäßig kleine E-Commerce Sendungen empfangen, gegeben.

Betrachtet man die Auswirkungen auf die Umwelt, lässt sich feststellen, dass Rytle durch elektrisch angetriebene Fahrzeuge zur Reduzierung der innerstädtischen Emissionen beiträgt. Daneben wird auch beim Transport der Hubs in die Stadtgebiete die Nutzung nachhaltiger Lösungen, wie elektrisch oder Wasserstoff betriebene Fahrzeuge, angestrebt. Außerdem werden durch die stationäre Trennung des Auslieferungsprozesses Personenemissionen reduziert. Die Zusteller müssen anders als im KEP-Markt üblich nicht das Stadtgebiet verlassen und zu den Paketzentren fahren, um Kommissionierung und Fahrzeugbeladung durchzuführen.

Im passenden Einsatzgebiet ist die Lösung von Rytle des Weiteren schneller und effizienter als konventionelle Zustellfahrzeuge. In der Vergangenheit zeigte sich, dass Rytle mehr Stopps schafft. Zudem ist die Anschaffung günstiger.

Automatisierte Leichtfahrzeuge für die urbane letzte Meile
Ducktrain ist ein kleines, teilautomatisiertes Logistikfahrzeug, das eine Lösung für die letzte Meile darstellt. Die Idee dahinter ist es, die Lücke zwischen konventionellen Lieferfahrzeugen und Lastenfahrrädern zu schließen. Die Fahrzeuge sind flächenmäßig kleiner als klassische Transporter, aber größer und robuster als Lastenfahrräder. Ein Fahrzeug ist ca. einen Meter breit und zwei Meter lang. Der Ducktrain hat einen elektrischen Antrieb und damit eine Reichweite von ca. 60 km. Insgesamt kann ein Fahrzeug 300 kg transportieren. Solch ein einzelnes Fahrzeug wird als Duck bezeichnet. Dabei können bis zu fünf Ducks in einer Kolonne zu einem Ducktrain verschaltet werden. Dieser ist in der Lage, dem Zusteller als Führungsobjekt selbstständig zu folgen.

Der Ducktrain funktioniert über eine Follow-me Technologie. Diese wird über eine Substitution der Deichsel durch eine virtuelle Nachbildung umgesetzt. Durch Sensoren wird so eine nicht physische Deichsel rekonstruiert, die dem Führungsobjekt exakt folgt. Eigene Entscheidungen und Interpretationsspielräume entfallen völlig. Die Kommunikation zwischen den einzelnen Ducks erfolgt aktuell über Wifi. Überlegungen bestehen, dies zukünftig über 5G zu realisieren. Mit dem Zusteller kommunizieren die Fahrzeuge über Bluetooth 4 Low Energy. Über 4G besteht eine Verbindung mit Servern der Cloud. Jeder Duck ist mit Sensorik und Laserscanner ausgestattet. Dies soll zukünftig durch einen Radar oder eine Kamera erweitert werden. Mittels einer künstlichen Intelligenz in den Ducks werden die Punktwolken der Laserscanner erkannt und die Umgebung wahrgenommen.

Die Auslieferung mit dem Ducktrain erfolgt über eine Trennung des Prozesses. Der Abschnitt vom Paketzentrum in die Innenstadt wird im Ducktrain gefahren. Anschließend werden die einzelnen Ducks in den jeweiligen Bezirken, wo die Paketboten, die die Haustürzustellung ausführen ihren Arbeitsalltag beginnen, abgeladen. Jedem Zusteller wird ein Duck vom Fahrer der Kolonne zur Verfügung gestellt. Mit diesem liefern sie 1,5 bis 2 h Pakcte aus, bis der nächste Ducktrain ankommt.

Der Ducktrain bietet dabei besonders für den urbanen Raum Potenziale. Gemessen an der Quadratmeterzahl hat der Ducktrain einen geringeren Flächenbedarf als ein klassisches Logistiksystem mit Liefervans. Dies entlastet Innenstädte, wodurch die Infrastrukturnutzung optimiert wird.

Durch die Verteilung des Logistikvolumens über den Tag trägt der Ducktrain zur Entlastung des Verkehrs bei. Dadurch, dass die Paketzusteller ihre Tour morgens erst in der Innenstadt beginnen und nur eine Person die Kolonne mit dem Paketvolumen für zwei Stunden aus dem Paketzentrum fährt, stehen weniger Personen im Stau. Doch besonders im Innenstadtverkehr trifft der Ducktrain auf viele Herausforderungen. Dazu gehören bspw. der Stop-and-Go-Verkehr, Zebrastreifen, Ampeln und Fußgänger. Zudem bewegt sich der Ducktrain nahe an Objekten, die für ihn eine Gefährdung darstellen, für die aber auch er eine Gefährdung darstellt. Herausforderungen ergeben sich bspw. dadurch, dass der Ducktrain mit kleinem Abstand an Objekten vorbeifahren können muss. Zukünftig soll der Ducktrain daher über verschiedene Sicherheitsfeatures für den Straßenverkehr verfügen. Damit wird er intelligenter, autonomer und kann auch selbstständig gewisse Entscheidungen treffen. Zunächst soll sich die Kolonne dabei bei einem unvorhergesehenen Ereignis an der entsprechenden Stelle trennen, sodass der hintere Teil zum Stopp kommt. Damit folgen sie nicht mehr exakt dem Führungsobjekt. Da solch ein Notstopp jedoch besonders im Mischverkehr eine Gefährdung darstellen kann, sollen die Fahrzeuge im nächsten Schritt die Fähigkeit bekommen, selbstständig mit niedriger Geschwindigkeit an den Straßenrand zu fahren und sich dort sicher abzustellen. Eine weitere Idee ist, die Fahrzeuge mit einem Art Fahrerassistenzsystem auszustatten. Dadurch sollen sie die Intelligenz bekommen, sich im Vergleich zum Führungsobjekt ein paar Zentimeter nach links oder rechts zu korrigieren, um nicht mit einem anderen Objekt zu kollidieren.

Betrachtet man die Umweltauswirkungen des Ducktrain, lässt sich feststellen, dass dieser durch den vollelektrischen Antrieb weniger Emissionen verursacht als klassische Lieferfahrzeuge. Auch benötigt er im Vergleich zu einem elektrischen Sprinter weniger elektrische Energie pro Paket. Ein weiterer Punkt ist die materielle Nachhaltigkeit. Ducktrain setzt auf Wertstoffe, die sich gut aufarbeiten und trennen lassen. Durch regelmäßige Hard- und Softwareupgrades soll so der Lebenszyklus der Produkte stetig verlängert werden.

Diskussion der vorgestellten Fallstudien

Die Ergebnisse der einzelnen Lösungen zeigen, dass sich verschiedene Potenziale zur Lösung der Herausforderungen auf der letzten Meile ergeben.

Bei den untersuchten Lösungen handelt es sich hauptsächlich um Zustellmethoden, die Potenziale für den *urbanen Raum* bieten. Lastenräder benötigen eine hohe Stoppdichte, um eine effiziente Umsetzung der atomisierten Lieferung zu ermöglichen. Auch die Auslieferung mit automatisierten Leichtfahrzeugen benötigt die hohe Bevölkerungsdichte urbaner Räume. Bei beiden Konzepten wird so eine effiziente Haustürzustellung ermöglicht, wie sie auch von Kunden präferiert wird. Auch die Crowdlösung setzt die Haustürzustellung in urbanen Räumen um. Hier entstehen zusätzliche Potenziale, da die Lösung KEP-Diensten die gebündelte Anlieferung an

Abholpunkte ermöglicht, was zur einer Entlastung der Innenstädte führt. Somit zeigt sich, dass die Anwendung innovativer Technologien Potenziale bietet, die durch die Urbanisierung entstehenden Herausforderungen zu überwinden. Die Lösungen sind darauf ausgerichtet, die letzte Meile bei hoher Bevölkerungsdichte und urbanen Schwierigkeiten durch hohes Verkehrsaufkommen zu meistern.

Potenziale können auch für den *Verkehr* identifiziert werden. Die Crowdlösung hat das Ziel, den KEP-Verkehr in Städten vollständig durch eine von Privatpersonen ausgeführte Zustellung zu ersetzen. Die Anwendung der SaaS-Lösung ermöglicht es dagegen, Auslieferungsprozesse so anzupassen, dass die eingesetzte Anzahl von Zustellfahrzeugen minimiert und so eine Entlastung des Verkehrs herbeigeführt wird. Lastenräder können dagegen bei verfügbarer Infrastruktur Radwege nutzen, wodurch Straßenverkehr vermieden wird. Die Lösung mit Lastenrädern sowie die mit automatisierten Leichtfahrzeugen basiert zudem auf einer Trennung des Auslieferungsprozesses. Die Anlieferung der Sendungen in die Bezirke erfolgt daher gebündelt und die Zusteller beginnen ihre Auslieferungstouren erst hier, wodurch sich die Anzahl der Verkehrsteilnehmer reduziert. Zustellfahrzeugen werden von Kunden zwar weniger als Belastung für den Verkehr wahrgenommen, dennoch ergeben sich hier durch die Nutzung innovativer Zustellkonzepte Potenziale, die Verkehrssituation insbesondere in Innenstadtbereichen zu entlasten.

Des Weiteren wird deutlich, dass die Nutzung innovativer Technologien auf der letzten Meile positive Auswirkungen auf die *Umwelt* hat und daher Potenziale für die ökologische Nachhaltigkeit bietet. Die vernetzte Lösung mit Lastenrädern sowie die automatisierten Leichtfahrzeuge verfügen über einen elektrischen Antrieb und wirken sich daher positiv auf die CO_2-Bilanz aus. Die Crowdlösung bietet dagegen durch die Vermeidung zusätzlichen Transportverkehrs Potenziale für die Umwelt. Durch die Nutzung der SaaS-Lösung lassen sich durch den optimalen Einsatz der Fahrzeuge Emissionen minimieren. Bei der Kundenbefragung wurde deutlich, dass auch diese den Anspruch an eine umweltfreundliche Lieferung haben und Handlungsbedarf erkennen. Somit haben die vorgestellten Lösungen auch das Potenzial, diese identifizierten Kundenanforderungen zu erfüllen.

Bei den betrachteten Lösungen lassen sich zudem *Prozessauswirkungen* für die letzte Meile feststellen. Alle Konzepte haben dabei das Potenzial, die *Effizienz* in der Auslieferung zu steigern. Die SaaS-Lösung ermöglicht die individuelle Optimierung des Prozesses nach verschiedenen Faktoren. So können bspw. durch die optimale Auslastung der Fahrzeuge Effizienzgewinne erzielt werden. Im Vergleich dazu knüpft die Crowdlösung an das bekannte Problem mangelnder Erreichbarkeit von Empfängern bei der Haustürbelieferung und daraus resultierende Fehlzustellungen an. Die Nutzung der Lösung ermöglicht Kunden die präferierte Haustürzustellung bei gleichzeitiger Anlieferung an Abholpunkte durch Paketdienste. So können insbesondere KEP-Dienste ihre Prozesseffizienz erhöhen. Auch die Lösung mit Lastenrädern erreicht in geeigneten Einsatzgebieten mit passender Auslieferungsstruktur aus kleinen Sendungen und einer Vielzahl von Empfängern mehr Stopps und ist damit effizienter als konventionelle Zustellmethoden. Ähnliches zeigt sich bei der Auslieferung mit vernetzten Leichtfahrzeugen. Hier werden u. a. durch die während der Nebenverkehrszeiten ins Stadtgebiet gefahrenen Kolonnen Effizienzgewinne von circa 30 % erzielt.

Auch bei der *Schnelligkeit und Pünktlichkeit* lassen sich Auswirkungen aller Lösungen feststellen. Durch die SaaS-Lösung können die Prozesse nach dem Faktor Zeit gestaltet werden. Auch besteht die Möglichkeit, Routen in Echtzeit anzupassen und so Zeitverluste zu vermeiden. Insbesondere dem Endkunden wird durch die Strukturierung und Transparenz der Prozesse die von der Mehrheit als wichtig angesehene Pünktlichkeit geboten. Die Nutzung der Crowdlösung erfüllt primär den Kundenanspruch der Pünktlichkeit. Zudem gibt der Kunde hier das Zeitfenster der Zustellung vor, wodurch ihm mehr Individualität geboten wird. Dagegen haben die vorgestellten Lastenräder und Leichtfahrzeuge das Potenzial, unter passenden Voraussetzungen die Auslieferung bspw. durch Umgehen von Staus mittels Prozesstrennung zu beschleunigen. Somit zeigt sich, dass die betrachteten Lösungen durchaus Potenzial haben, die Erwartungen der Kunden an Pünktlichkeit und Schnelligkeit zu erfüllen und die derzeit bestehenden Probleme zu überwinden.

Betrachtet man die Auswirkungen auf die *Kosten* der letzten Meile, lassen sich innerhalb der betrachteten Lösungen Unterschiede feststellen. Die SaaS-Lösung bietet auch in diesem Bereich die Möglichkeit, Fahrzeuge, Fahrer und alle weiteren Faktoren so zu gestalten, dass die Auslieferung mit möglichst geringen Kosten erfolgt. Auch die Nutzung automatisierter Leichtfahrzeuge ermöglicht Kosteneinsparungen, da durch die Trennung des Auslieferungsprozesses und die damit einhergehende Vermeidung von Staus weniger Mitarbeiterzeit pro Paket benötigt wird. Wie die zuvor durchgeführte Studie zeigt, legen Kunden großen Wert auf eine kostenlose Lieferung und empfinden hohe Versandkosten aktuell als großes Problem. Ob die Kostenreduktion durch die eingesetzten innovativen Lösungen letzten Endes an den Endkunden übertragen und dieser Anspruch damit erfüllt wird, bleibt jedoch offen.

Alle betrachteten Lösungen haben dagegen das Potenzial, *Transparenz* auf der letzten Meile zu bieten. Durch die digitale Abbildung der Prozesse besteht die Möglichkeit, Kunden eine genaue Sendungsverfolgung zu ermöglichen und so präzise mitzuteilen, wann das Paket bei ihnen ankommt. Somit wird auch dieser Kundenanspruch erfüllt.

Insgesamt wird deutlich, dass Digitalisierung auf der letzten Meile Potenziale bietet, Herausforderungen durch aktuelle Trends zu überwinden, den Auslieferungsprozess zu verbessern und dabei Kundenansprüche zu erfüllen.

Fazit und weiterer Forschungsbedarf 6

Dieses Essential betrachtet verschiedene innovative Technologien, die Anwendung auf der letzten Meile finden können und so zur Realisierung einer letzten Meile 4.0 beitragen. Dabei geht es primär darum, inwieweit diese Technologien die derzeitigen Herausforderungen im Bereich der B2C-Auslieferung überwinden können.

Die Betrachtung der Auswirkungen von Urbanisierung, Nachhaltigkeit und Individualisierung als aktuelle Trends zeigt derzeitige Herausforderungen der letzten Meile auf. Gleichzeitig definieren diese Trends auch Gestaltungsbedingungen, die bei der Planung und Realisierung des Auslieferungsprozesses zu berücksichtigen sind. Deutlich wird, dass die Versorgung der Menschen in dicht besiedelten urbanen Räumen zu einer zunehmenden Belastung der Verkehrsinfrastruktur führt, was zeitgleich mit den Anforderungen der Emissionsreduktion im Sinne einer ökologischen Nachhaltigkeit kollidiert.[1] Hinzu kommt, dass auch der Endkunde immer höhere Ansprüche an individuelle und personalisierte Liefermöglichkeiten hat.

Verschiedene innovative Technologien aus dem Bereich Logistik 4.0 können dabei auf der letzten Meile zum Einsatz kommen. Die Übertragung der Kernelemente Vernetzung und Digitalisierung von Industrie 4.0 und Logistik 4.0 auf die letzte Meile zeigt, dass insbesondere digitale Technologien, bspw. für die intelligente Tourenplanung, Predictive Shipping oder Crowd Delivery, sowie innovative Transportmittel, bspw. Drohnen oder Roboter, Anwendung auf der letzten Meile finden können.[2]

---

[1] Vgl. Clausen et al. (2016, S. 10–17); Tewes und Tewes (2020, S. 23); Tripp (2019, S. 19 f., 24 f.); Witten und Schmidt (2019, S. 306, 312, 316).

[2] Vgl. Bienzeisler und Zanker (2020, S. 26); Bousonville (2017, S. 5); Helmke (2019, S. 185); Wehberg (2019, S. 370); Wegner (2019, S. 289); Werner (2020, S. 332–334).

W. Wellbrock et al., *Letzte Meile 4.0*, essentials, https://doi.org/10.1007/978-3-658-37551-5_6

Die Befragung der Endkunden zu ihren Anforderungen an die Lieferung von Paketen zeigt, dass Kunden vor allen Dingen großen Wert auf Schnelligkeit und Pünktlichkeit legen und hier zudem großer Handlungsbedarf gesehen wird. Auch zeigte sich, dass Kunden die Umweltbelastung durch Zustellfahrzeuge als Problem wahrnehmen.

Um die Potenziale innovativer Technologien für die Auslieferung im B2C-Bereich zu identifizieren, wurde eine qualitative Studie durchgeführt. Auf Basis von Interviews mit Experten aus Unternehmen, die im Bereich der letzten Meile tätig sind, wurden exemplarisch vier verschiedene innovative Technologien für den Auslieferungsprozess untersucht. Zu diesen gehören SaaS-Anwendungen, eine Crowdlösung, ein vernetztes Konzept mit Lastenrädern und eine vernetzte Kolonne aus automatisierten Leichtfahrzeugen. Bei den einzelnen Lösungen wurde untersucht, ob sie die Kundenanforderungen sowie die durch aktuelle Trends gesetzten Gestaltungsbedingungen erfüllen. Deutlich wurde, dass alle betrachteten Lösungen das Potenzial haben, negative Umweltauswirkungen auf der letzten Meile zu reduzieren. Zudem sind sie auf die speziell bei der Versorgung urbaner Räume auftretenden Herausforderungen ausgerichtet und tragen so gleichzeitig zur Verkehrsentlastung bei. Des Weiteren konnten unterschiedliche Potenziale zur Effizienzsteigerung des Auslieferungsprozesses identifiziert werden. Durch die Nutzung neuer Technologien kann unter anderem mehr Schnelligkeit und Pünktlichkeit auf der letzten Meile erzeugt werden, was in einer verbesserten Erfüllung der Kundenansprüche resultiert.

Durch die Betrachtung verschiedener innovativer Technologien, die Potenziale für die letzte Meile bieten, werden weitere Bereiche für zukünftige Forschungen deutlich. Durch die limitierte Anzahl der betrachteten und analysierten Lösungen besteht weiterer Forschungsbedarf im Bereich der anderen identifizierten innovativen Technologien für die letzte Meile. Des Weiteren sind die untersuchten Lösungen alle primär auf den Einsatz in urbanen Räumen ausgerichtet. Daher ergeben sich mögliche Forschungsarbeiten bei Lösungen, die speziell auf die Gegebenheiten ländlicher Räume ausgerichtet sind und Potenziale bieten, die hier auftretenden Herausforderungen bei der Versorgung zu überwinden. Zukünftiger Forschungsbedarf zeigt sich darüber hinaus bei der Akzeptanz innovativer Technologien und Konzepte auf der letzten Meile. Dabei muss diese nicht nur auf der Empfängerseite bestehen, auch Anwender, d. h. Logistikdienstleister, müssen von neuen Technologien überzeugt werden, um nicht immer auf konventionelle Zustellmethoden zurückzugreifen. Dies ist notwendig, damit innovative Technologien ihren Weg auf die letzte Meile finden.

Was Sie aus diesem *essential* mitnehmen können

- Bedeutung von Urbanisierung, Nachhaltigkeit und Individualisierung als Gestaltungsparameter der letzten Meile
- Identifikation und Gewichtung von Anforderungen sowie aktueller Probleme bei der Paketlieferung aus Endkundensicht
- Ganzheitliche Betrachtung von SaaS-Technologien, Crowd-Delivery, Lastenrädern und automatisierten Leichtfahrzeugen als Lösungen für die letzte Meile
- Identifikation von Potenzialen im Bereich Raum, Verkehr und Umwelt von innovativen Technologien auf der letzten Meile

Literatur

Arslan, A. M./Agatz, N./Kroon, L./ Zuidwijk, R. (2019): Crowdsourced Delivery. A Dynamic Pickup and Delivery Problem with Ad Hoc Drivers, in: Transportation Science, 53. Jg. (2019), Heft 1, S. 222–235.

Atteslander, P. (2010): Methoden der empirischen Sozialforschung, 13., neu bearbeitete und erweiterte Auflage, Berlin.

Bender, C. M./Dieke, A. K./Junk, P. (2015): WIK Diskussionsbeitrag Nr. 402. Zur Marktabgrenzung bei Kurier-, Paket- und Expressdiensten, Bad Honnef.

Berger-Grabner, D. (2016): Wissenschaftliches Arbeiten in den Wirtschafts- und Sozialwissenschaften. Hilfreiche Tipps und praktische Beispiele, 3., aktualisierte und erweiterte Auflage, Wiesbaden.

Bertram, I. (2017): So funktioniert die Abholung von Retouren per Starship-Roboter, URL: https://newsroom.hermesworld.com/infografik-so-funktioniert-die-abholung-von-retouren-per-starship-roboter-11767/, 30.05.2021.

Bienzeisler, B./Zanker, C. (2020): Zustellarbeit 4.0 – Eine 360-Grad-Analyse. Leitfragen zur Entwicklung der Zustellarbeit am Beispiel der KEP-Branche, Stuttgart.

Bogdanski, R. (2015): Nachhaltige Stadtlogistik durch Kurier-, Express- und Paketdienste. Studie über die Möglichkeiten und notwendigen Rahmenbedingungen am Beispiel der Städte Nürnberg und Frankfurt am Main, Berlin.

Bogdanski, R. (2017): Innovationen auf der letzten Meile. Bewertung der Chancen für die nachhaltige Stadtlogistik von morgen. Nachhaltigkeitsstudie 2017 im Auftrag des Bundesverbandes Paket und Expresslogistik e. V. (BIEK), Berlin.

Bogdanski, R./Cailliau, C. (2020): Wie das Lastenrad die letzte Meile gewinnen kann: Potenziale und kritische Erfolgsfaktoren, in: Journal für Mobilität und Verkehr, Heft 5, S. 22–29.

Borchardt, A./Göthlich S. E. (2009): Erkenntnisgewinnung durch Fallstudien, in: Albers, S./Klapper, D./Konradt, U./Walter, A./Wolf, J. (Hrsg.): Methodik der empirischen Forschung, 3., überarbeitete und erweiterte Auflage, Wiesbaden, S. 33–48.

Bousonville, T. (2017): Logistik 4.0. Die digitale Transformation der Wertschöpfungskette, Wiesbaden.

Boysen, N./Schwerdfeger, S./Weidinger, F. (2018a): Scheduling last-mile deliveries with truck-based autonomous robots, in: European Journal of Operational Research, 271. Jg. (2018a), Heft 3, S. 1085–1099.

Boysen N./Briskorn, D./Fedtke, S./Schwerdfeger, S. (2018b): Drone delivery from trucks: Drone scheduling for given truck routes, in: Networks. An international Journal, 72. Jg. (2018b), Heft 4, S. 506–527.

Brabänder, C. (2020): Die Letzte Meile. Definition, Prozess, Kostenrechnung und Gestaltungsfelder, Wiesbaden.

Bretzke, W.-R. (2020): Logistische Netzwerke, 4. Auflage, Berlin/Heidelberg.

Bundesministerium für Umwelt, Naturschutz und nukleare Sicherheit (2020): Klimaschutz in Zahlen. Fakten, Trends und Impulse deutscher Klimapolitik. Ausgabe 2020, Berlin.

Bundesministerium für Wirtschaft und Energie (2020): Industrie 4.0 gestalten. Souverän. Interoperabel. Nachhaltig, Berlin.

Bundesverband Paket und Expresslogistik e. V. (BIEK)/KE-CONSULT Kurte&Esser GbR (2020): Verbinden, sichern und versorgen. KEP-Studie 2020 – Analyse des Marktes in Deutschland, Berlin/Köln.

Carbone, V./Rouquet, A./ Roussat, C. (2017): The Rise of Crowd Logistics: A New Way to Co-Create Logistics Value, in: Journal of Business Logistics, 38. Jg. (2017), Heft 4, S. 238–252.

Cardenas, I./Borbon-Galvez, Y./Verlinden, T./ Van de Voorde, E./Vanelslander, T./ Dewulf, W. (2017): City logistics, urban goods distribution and last mile delivery and collection, in: Competition and Regulation, 18. Jg. (2017), Heft 1–2, S. 22–43.

Cardeneo, A. (2008): Kurier-, Express- und Paketdienste, in: Arnold, D./Isermann, H./Kuhn, A./Tempelmeier, H./Furmans, K. (Hrsg.): Handbuch Logistik, 3., neu bearbeitete Auflage, Berlin/Heidelberg, S. 782–788.

Clausen, U./Stütz, S./Bernsmann, A./Heinrichmeyer, H. (2016): ZF-Zukunftsstudie 2016. Die letzte Meile, Stuttgart.

Dayarian, I./Severlsbergh, M./Clarke, J.-P. (2020): Same-Day Delivery with Drone Resupply, in: Transportation Science, 54. Jg. (2020), Heft 1, S. 229–249.

Deutsche Post DHL Group (2017): Lieferung von DHL Sendungen jetzt auch in den VW Kofferraum, URL: https://www.dpdhl.com/de/presse/pressemitteilungen/2017/lieferung-dhl-sendungen-jetzt-auch-in-vw-kofferraum.html, 29.03.2021.

Döring, N./Bortz, J. (2016): Forschungsmethoden und Evaluation in den Sozial- und Humanwissenschaften, 5. vollständig überarbeitete, aktualisierte und erweiterte Auflage, Berlin/Heidelberg.

Ducktrain (o. J.): Mach urbane Logistik smart, grün und effizient, URL: https://ducktrain.io/?lang=de, 30.05.2021.

Europäische Kommission (2013): Grünbuch. Ein Rahmen für Klima- und Energiepolitik bis 2030, URL: https://eur-lex.europa.eu/legal-content/DE/TXT/PDF/?uri=CELEX:52013DC0169f&from=DE, 29.01.2021.

Fleischmann, B./Kopfer, H. (2018): Systeme der Transportlogistik, in: Tempelmeier, H. (Hrsg.): Begriff der Logistik, logistische Systeme und Prozesse, Berlin/Heidelberg, S. 17–28.

Gerdes, J./Heinemann, G. (2019): Urbane Logistik der Zukunft – ganzheitlich, nachhaltig und effizient, in: Heinemann, G./Gehrckens, H. M./Täuber, T./Accenture GmbH (Hrsg.): Handel mit Mehrwert. Digitaler Wandel in Märkten, Geschäftsmodellen und Geschäftssystemen, Wiesbaden, S. 397–420.

Handelsverband Deutschland (HDE) (2020): Online Monitor 2020, Berlin.

Hausladen, I. (2020): IT-gestützte Logistik. Systeme – Prozesse – Anwendungen, 4., aktualisierte und erweiterte Auflage, Wiesbaden.

Heinemann, G. (2020): Der neue Online-Handel. Geschäftsmodelle, Geschäftssysteme und Benchmarks im E-Commerce, 11., überarbeitete Auflage, Wiesbaden.

Helmke, B. (2019): Digitalisierung in der Logistik, in: Hartel, D. H. (Hrsg.): Projektmanagement in Logistik und Supply Chain Management. Praxisleitfaden mit Beispielen aus Industrie, Handel und Dienstleistung, 2., aktualisierte und erweiterte Auflage, Wiesbaden, S. 183–207.

Hoberg, K./Petersen, M./Heinen, J. (2019): Die Implikationen digitaler Technologien für die Supply Chain 4.0, in: Obermaier, R. (Hrsg.): Handbuch Industrie 4.0 und digitale Transformation. Betriebswirtschaftliche, technische und rechtliche Herausforderungen, Wiesbaden, S. 165–187.

Hoffmann, T./Prause, G. (2018): On the Regulatory Framework for Last-Mile Delivery Robots, in: Machines, 6. Jg. (2018), Heft 3, S. 1–16.

Hölter, A.-K./Ninnemann, J. (2020): Effizienz auf der letzten Meile – Optimierung der Schnittstellen zwischen Kunde, Logistik und Onlinehandel, in: Journal für Mobilität und Verkehr, Heft 5, S. 30–34.

Hussy, W./Schreier, M./Echtehroff, G. (2013): Forschungsmethoden in Psychologie und Sozialwissenschaften für Bachelor, 2., überarbeitete Auflage, Berlin/Heidelberg.

Kagermann, H./Lukas, W.-D./Wahlster, W. (2011): Industrie 4.0: Mit dem Internet der Dinge auf dem Weg zur 4. industriellen Revolution, URL: https://www.ingenieur.de/tec hnik/fachbereiche/produktion/industrie-40-mit-internet-dinge-weg-4-industriellen-rev olution/, 28.02.2021.

Kaiser, R. (2014): Qualitative Experteninterviews. Konzeptionelle Grundlagen und praktische Durchführung, Wiesbaden.

KE-CONSULT Kurte & Esser GbR. (2018a): BIEK-Kompendium Teil 2. Zahlen – Daten – Fakten der KEP-Branche, o. O.

KE-CONSULT Kurte & Esser GbR. (2018b): BIEK-Kompendium Teil 6. Zahlen – Daten – Fakten der KEP-Branche, o. O.

Kersten, W./Schröder, M./Indorf, M. (2017): Potenziale der Digitalisierung für das Supply Chain Risikomanagement: Eine empirische Analyse, in: Seiter, M./Grünert, L./Berlin, S. (Hrsg.): Betriebswirtschaftliche Aspekte von Industrie 4.0, Wiesbaden, S. 47–74.

Kersten, W./von See, B./Indorf, M. (2018): Digitalisierung als Wegbereiter für effizientere Wertschöpfungsnetzwerke, in: Khare, A./Kessler, D./Wirsam, J. (Hrsg.): Marktorientiertes Produkt- und Produktionsmanagement in digitalen Umwelten. Festgabe für Klaus Bellmann zum 75. Geburtstag, Wiesbaden, S. 101–117.

Kille, C. (2012): KEP-Märkte und Dienste, in: Klaus, P./Krieger, W./Krupp, M. (Hrsg.): Gabler Lexikon Logistik. Management logistischer Netzwerke und Flüsse, 5. Auflage, Wiesbaden, S. 263–267.

Klaus, P./Krieger, W./Krupp, M. (Hrsg.) (2012): Gabler Lexikon Logistik. Management logistischer Netzwerke und Flüsse, 5. Auflage, Wiesbaden.

Klumpp, M./Bioly, S./Abidi, H. (2013): Zur Interdependenz demografischer Entwicklungen, Urbanisierung und Logistiksystemen, in: Göke, M./Heupel, T. (Hrsg.): Wirtschaftliche Implikationen des demografischen Wandels. Herausforderungen und Lösungsansätze, Wiesbaden, S. 161–175.

Kuckartz, U. (2018): Qualitative Inhaltsanalyse. Methoden, Praxis, Computerunterstützung, 4. Auflage, Weinheim/Basel.

Kunze, O. (2016): Replicators, Ground Drones and Crowd Logistics A Vision of Urban Logistics in the Year 2030, in: Transportation Research Procedia, Heft 19, S. 286–299.

Lasi, H./Kemper, H.-G./Fettke, P./Feld, T./Hoffmann, M. (2014): Industrie 4.0, in: Wirtschaftsinformatik, 56. Jg. (2014), Heft 4, S. 261–264.

Lehmacher, W. (2015): Logistik im Zeichen der Urbanisierung. Versorgung von Stadt und Land im digitalen und mobilen Zeitalter, Wiesbaden.

Mangiaracina, R./Perego, A./Seghezzi, A./Tumino, A. (2019): Innovative solutions to increase last-mile delivery efficiency in B2C e-commerce: a literature review, in: International Journal of Physical Distribution & Logistics Management, 49. Jg. (2019), Heft 9, S. 901–920.

Martin, H. (2016): Transport- und Lagerlogistik. Systematik, Planung, Einsatz und Wirtschaftlichkeit, 10. Auflage, Wiesbaden.

Mayring, P. (2017): Einführung in die qualitative Sozialforschung, 6., überarbeitete Auflage, Weinheim/Basel.

Mertens, P./Barbian, D./Baier, S. (2017): Digitalisierung und Industrie 4.0 – eine Relativierung, Wiesbaden.

Metzler, U. (2013): Anwendungsbereiche der Transportplanung, in: Clausen, U./Geiger, C. (Hrsg.): Verkehrs- und Transportlogistik, 2. Auflage, Berlin/Heidelberg, S. 277–290.

Mister Postman (o. J.): Dein innerstädtischer Liefer-, Abhol- und Kurierdienst, URL: https://mister-postman.net/, 30.05.2021.

Morganti, E./Seidel, S./Blanquart, C./Dablanc, L./Lenz, B. (2014): The Impact of E-commerce on Final Deliveries: Alternative Parcel Delivery Services in France and Germany, in: Transportation Research Procedia, Heft 4, S. 178–190.

Niebert, K./Gropengießer, H. (2014): Leitfadengestützte Interviews, in: Krüger, D./Parchmann, I./Schecker, H. (Hrsg.): Methoden in der naturwissenschaftsdidaktischen Forschung, Berlin/Heidelberg, S. 121–132.

Obermaier, R. (2017): Industrie 4.0 als unternehmerische Gestaltungsaufgabe: Strategische und operative Handlungsfelder für Industriebetriebe, in: Obermaier, R. (Hrsg.): Industrie 4.0 als unternehmerische Gestaltungsaufgabe. Betriebswirtschaftliche, technische und rechtliche Herausforderungen, 2., korrigierte Auflage, Wiesbaden, S. 3–34.

Obermaier, R. (2019): Industrie 4.0 und Digitale Transformation als unternehmerische Gestaltungsaufgabe, in: Obermaier, R. (Hrsg.): Handbuch Industrie 4.0 und Digitale Transformation. Betriebswirtschaftliche, technische und rechtliche Herausforderungen, Wiesbaden, S. 3–46.

Oehlrich, M. (2019): Wissenschaftliches Arbeiten und Schreiben. Schritt für Schritt zur Bachelor- und Master-Thesis in den Wirtschaftswissenschaften, 2., überarbeitete und erweiterte Auflage, Wiesbaden.

Okholm, H. B./Thelle, M. H./Möller, A./Basalisco, B./Rolmer, S. (2013): E-commerce and delivery. A study of the state of play of EU parcel markets with particular emphasis on e-commerce, Kopenhagen.

Pan, S./Giannikas, V./Han, Y./Grover-Silva, E./Qiao, B. (2017): Using customer-related data to enhance e-grocery home delivery, in: Industrial Management & Data Systems, 117. Jg. (2017), Heft 9, S. 1917–1933.

Plattform Industrie 4.0 (2015): Umsetzungsstrategie Industrie 4.0. Ergebnisbericht der Plattform Industrie 4.0, o. O.

Reyes, D./Savelsbergh, M./Toriello, A. (2017): Vehicle routing with roaming delivery locations, in: Transportation Research Part C: Emerging Technologies, Heft 80, S. 71–91.

Rumscheidt, S. (2019): Die letzte Meile als Herausforderung für den Handel, in: ifo Schnelldienst, 72. Jg. (2019), Heft 1, S. 46–49.

Rytle (o.J.): Rytle – The Smart Move, URL: https://rytle.com/, 30.05.2021.

Savelsbergh, M./Van Woensel, T. (2016): 50th Anniversary Invited Article – City Logistics: Challenges and Opportunities, in: Transportation Science, 50. Jg. (2016), Heft 2, S. 579–590.

Statistisches Bundesamt (2019): Statistisches Jahrbuch. Deutschland und Internationales, o. O.

ten Hompel, M./Henke, M. (2014): Logistik 4.0, in: Bauernhansl, T./ten Hompel, M./Vogel-Heuser, M. (Hrsg.): Industrie 4.0 in Produktion, Automatisierung und Logistik. Anwendung. Technologien. Migration, Wiesbaden, S. 615–624.

ten Hompel, M./Kerner, S. (2015): Logistik 4.0. Die Vision vom Internet der autonomen Dinge, in: Informatik-Spektrum, 38. Jg. (2015), Heft 3, S. 176–182.

Tewes, C./Tewes, S. (2020): Megatrends und digitaler Einfluss, in: Tewes, S./Niestroj, B./Tewes, C. (Hrsg.): Geschäftsmodelle in die Zukunft denken. Erfolgsfaktoren für Branchen, Unternehmen und Veränderer, Wiesbaden, S. 21–31.

Thaller, C./Telake, M./Clausen, U./Dahmen, B./Leerkamp, B. (2017): KEP-Verkehr in urbanen Räumen, in: Proff, H./Fojcik, T. M. (Hrsg.): Innovative Produkte und Dienstleistungen in der Mobilität. Technische und betriebswirtschaftliche Aspekte, Wiesbaden, S. 443–458.

Tiramizoo (o. J.a): Über uns, URL: https://tiramizoo.com/about, 30.05.2021.

Tiramizoo (o. J.b): tiramizoo: Software optimiert urbane Logistik, URL: https://tiramizoo.com/tiramizoo_software_optimiert_urbane_logistik.pdf, 30.05.2021.

Tripp, C. (2019): Distributions- und Handelslogistik. Netzwerke und Strategien der Omnichannel-Distribution im Handel, Wiesbaden.

Umundum, P. (2020): Die letzte Meile – Königsdisziplin der Logistik, in: Voß, P. H. (Hrsg.): Logistik – die unterschätzte Zukunftsindustrie. Strategien und Lösungen entlang der Supply Chain 4.0, 2., völlig neu gestaltete Auflage, Wiesbaden, S. 149–162.

Umweltbundesamt (2021): Treibhausgasemissionen sinken 2020 um 8,7 Prozent, URL: https://www.umweltbundesamt.de/presse/pressemitteilungen/treibhausgasemissionen-sinken-2020-um-87-prozent, 28.05.2021.

United Nations, Department of Economic and Social Affairs (2018a): File 1: Population of Urban and Rural Areas at Mid-Year (thousands) and Percentage Urban, 2018a, URL: https://population.un.org/wup/Download/, 29.01.2020.

United Nations, Department of Economic and Social Affairs (2018b): File 2: Percentage of Population at Mid-Year Residing in Urban Areas by region, subegion and country, 1950–2050, URL: https://population.un.org/wup/Download/, 29.01.2021.

United Nations, Department of Economic and Social Affairs (2019a): World Population Prospects 2019. Highlights, New York.

United Nations, Department of Economic and Social Affairs (2019b): World Urbanization Prospects. The 2018 Revision, New York.

Vahrenkamp, R./Kotzab, H./Siepermann, C. (2012): Logistik. Management und Strategien, 7., überarbeitete und erweiterte Auflage, München.

Vastag, A./Schellert, M. (2020): Autonome Fahrzeuge in der innerstädtischen Paketzustellung, in: ten Hompel, M./Bauernhansl, T./Vogel-Heuser, B. (Hrsg.): Handbuch Industrie 4.0. Band 3: Logistik, 3. Auflage, Berlin/Heidelberg, S. 205–224.

Vogler, T./Labus, J.-P./Specht, O. (2018): Mögliche Auswirkungen von Digitalisierung auf die Organisation von Handelsunternehmen, in: Knoppe, M./Wild, M. (Hrsg.): Digitalisierung im Handel. Geschäftsmodelle, Trends und Best Practice, Berlin/Heidelberg, S. 149–172.

Wang, Y./Zhang, D./Liu, Q./Shen, F./Lee, L. H. (2016): Towards enhancing the last-mile delivery: An effective crowd-tasking model with scalable solutions, in: Transportation Research Part E: Logistics and Transportation Review, Heft 93, S. 279–293.

Wannenwetsch, H. (2014): Integrierte Materialwirtschaft, Logistik und Beschaffung, 5., neu bearbeitete Auflage, Berlin/Heidelberg.

Wegner, K. (2019): Potenziale der Digitalisierung für die letzte Meile in der Logistik, in: Schröder, M./Wegner, K. (Hrsg.): Logistik im Wandel der Zeit – Von der Produktionssteuerung zu vernetzten Supply Chains. Festschrift für Wolfgang Kersten zum 60. Geburtstag, Wiesbaden, S. 285–301.

Wegner, U./Wegner, K. (2017): Einführung in das Logistik-Management. Prozesse – Strukturen – Anwendungen, 3., aktualisierte und erweiterte Auflage, Wiesbaden.

Wehberg, G. G. (2019): Logistik 4.0 – die sechs Säulen der Logistik in der Zukunft, in: Göpfert, I. (Hrsg.): Logistik der Zukunft – Logistics for the Future, 8., aktualisierte und erweiterte Auflage, Wiesbaden, S. 367–395.

Werner, H. (2020): Supply Chain Management. Grundlagen, Strategien, Instrumente und Controlling, 7., vollständig überarbeitete und erweiterte Auflage, Wiesbaden.

Witten, P./Schmidt, C. (2019): Globale Trends und die Konsequenzen für die Logistik der letzten Meile, in: Schröder, M./Wegner, K. (Hrsg.): Logistik im Wandel der Zeit – Von der Produktionssteuerung zu vernetzen Supply Chains. Festschrift für Wolfgang Kersten zum 60. Geburtstag, Wiesbaden, S. 303–319.

Wittowsky, D./Altenburg, S./Esser, K./Garde, J./Groth, S./Kurte, J. (2020): KEP-Verkehre und die Letzte Meile: Anmerkungen zum potentiellen Umgang mit dem Boom der Lieferverkehre im Quartier, in: Journal für Mobilität und Verkehr, Heft 5, S. 1–12.

Wurst, C. (2020): Chancen von Logistik 4.0 nutzen, in: Controlling & Management Review, 64. Jg. (2020), Heft 2, S. 34–39.

Printed in the United States
by Baker & Taylor Publisher Services